常春藤传记馆

温儒敏／主编

U0828827

真诚的灵魂抒写者

朱自清传

伦杰 著

長春出版社
国家一级出版社
全国百佳图书出版单位

图书在版编目(CIP)数据

真诚的灵魂抒写者：朱自清传 / 伦杰著. —长春：长春出版社，2017.7
(常春藤传记馆 / 温儒敏主编)
ISBN 978-7-5445-4943-1

Ⅰ.①真… Ⅱ.①伦… Ⅲ.①朱自清(1898-1948)-传记 Ⅳ.①K825.6

中国版本图书馆 CIP 数据核字(2017)第 175561 号

真诚的灵魂抒写者:朱自清传

著　　者:伦　杰
责任编辑:历杏梅
封面设计:楠竹文化

出版发行:長春出版社　　总编室电话:0431-88563443
编辑室电话:0431-88525948　　发行部电话:0431-88561180
地　　址:吉林省长春市建设街 1377 号
邮　　编:130061
网　　址:www.cccbs.net
制　　版:荣辉图文
印　　刷:长春第二新华印刷有限责任公司
经　　销:新华书店

开　　本:787 毫米×1092 毫米　1/32
字　　数:118 千字
印　　张:8
版　　次:2017 年 7 月第 1 版
印　　次:2017 年 7 月第 1 次印刷
定　　价:19.80 元

总　序

温儒敏

十多年前，我主持人民教育出版社高中语文教材的编写，其中选修课就专门设置有《中外传记选读》一种，我自己还动手编写了这本教材。因为受高考“指挥棒”影响，一般学校的选修课未必真能让学生自主选修，很多选修教材编出来都没有使用，但《中外传记选读》一直很受欢迎，每年都有重印。这让我对传记的阅读推广有了特别的关注。

我还注意到最近三四年高考语文试题命制的一种趋向，无论全国卷还是其他省市卷，阅读题往往都选传记作为材料。比如2016年全国卷的甲、乙、丙三个卷子，文言文阅读的材料全是传记，包括《明史·陈登云传》（甲卷）、《宋史·曾公亮传》（乙卷）和《明史·傅珪传》（丙卷）；现代文阅读的实用类文本也多用传记，节选了《吴文俊传》和《陈忠实传》。可见传记阅读越来越受到重视，考试也有意往这方面引导。

中小学语文教材也应当多选一些传记。现在

教育部正组织编写一套新的义务教育语文教科书，聘我担任总主编，这套新教材就选了不少名人传记，并鼓励学生多读传记。

为什么中小学生要多读传记？我曾在《中外传记选读》的前言中说过理由，这里不妨转述一下：

> 同学们都渴望能拥有健全、快乐和成功的人生，现在的学习阶段就在做准备，而且其本身就已经是你人生经历的一部分。我们该怎样设计自己的人生？当然最重要的还是学习。除了学习文化知识，还要从历史人物或者成功的人物身上学习宝贵的生活道理、人生哲学以及获取成功的途径。这就是励志教育，是人生教育中非常重要的部分。人都需要不断添加生活的动力，特别是在年轻的时候，要有偶像和楷模，有高远目标的激励。如同英国思想家培根所说过的：“用伟人的事迹激励我们，远胜一切的教育。”让同学们从那些杰出的成功的人物身上吸取人生的经验，从前人多种人生道路的选择中寻找我们各自的“契合点”，这就是我们设立这门课的主要目的。

这里说的“设立这门课的主要目的”，其实

也是我们推出这套“常春藤传记馆”丛书的目的。

“常春藤传记馆”丛书由北京大学语文教育研究所组织编写，长春出版社出版。丛书每本10万字左右，其选目、内容和写法都是为中小学生“量身定制”的。我们希望这套丛书能作为基本图书进入中小学图书馆。和其他同类传记图书相比，“常春藤传记馆”丛书有四个特色：

一是传主覆盖范围广。包括中外古今各个领域的名人，涉及政治、军事、科学、实业、社会活动、文学、艺术、革命等领域。重点考虑有代表性的、在精神层面可以给学生激励的那些名人。

二是和课程教学有呼应。中小学除了语文，各个学科的教材和教学都会涉及中外古今各个领域的著名人物，选择主题首先考虑这一情况，选取学生有所接触又可能希望进一步了解的那些名人。这可以满足学生不同的兴趣爱好。

三是专门为中小学生编写。本套传记不是专业性强的评传，而是重在勾勒传主生平事业贡献的小传，内容和文字力求深入浅出，生动形象，有趣有味。阅读对象接受水平可以定位在初中程度，也可以稍高一点。特别是有些理科方面的传记，主要面对高中生。其实，小学生的课外阅读也要取法乎上，他们可以读这套为中等文化水平

的读者设计的书。

四是内容安排上特别注重励志及健全的人格心理引导培养，在叙说传主生平事迹时，适当地自然地凸显这些方面的思考。

丛书取名“常春藤传记馆”，有特别的含义。“常春藤”是一种多年生常绿藤类灌木。美国哈佛大学等几所著名的私立大学，组成体育联盟，叫“常春藤盟校”，其起名是因为这些老校的校舍墙上常攀缘有常春藤。本丛书以“常春藤传记馆”作为标识，是虚拟的意象，可以联想到著名的学府，也可以联想到古代的书院，从而营造浓郁的阅读氛围和宁静的心境。另外，“常春”和“长春”同音，暗含这套丛书是由长春出版社出版的。

但愿广大师生喜欢这套书，也期盼大家提出批评建议，共同来经营好这套书，让“常春藤传记馆”更好地满足广大读者，特别是中小学生课外阅读的需求，满足语文教学的需求。

2016 年 6 月 30 日济南历下

（温儒敏，山东大学一级教授，北京大学中文系教授，教育部聘义务教育语文教科书总主编）

目录 contents

第一章
青春记忆与往来奔波

青灯有味是儿时（1898—1916）

在历史的长河中，很多时间节点对于芸芸众生而言就如同无须挂怀的沧海一粟。然而，对于江苏省东海县承审官朱则余一家来说，1898 年 11 月 22 日却是一个值得纪念的特殊日子。在经历了两个孩子相继早夭的悲痛之后，全家人终于在热切的期盼中迎来了一个男婴的呱呱坠地。这个孩子，就是后来蜚声文坛的一代大家朱自清。

朱自清原本应当姓余。当年，他的高祖余月笙在扬州做官，因醉酒坠楼身亡，夫人跳楼殉夫，他们唯一的孩子余子擎便成了孤儿。后来，余子擎被山阴同乡收养，从此遂改姓朱。朱子擎的儿子朱则余正是朱自清的祖父，其名字显然是要表明现在的朱氏即是原来的余氏，追思先祖之意不言而喻。

朱家是书香世家，朱自清的父亲名鸿钧，字小坡，也是一个读书人。正是由于两位兄长的过早辞世，朱自清自然而然地成为家中的长子长孙，全家人对其宠爱程度非同一般。为了使他健康成长，家里人按当地习俗从小就替他穿耳洞、戴耳环，希望以男扮女装的方式来瞒骗阎罗王，从而摆脱死亡阴影的笼罩。在给孩子起名的问题上，朱小坡也颇费一番苦心。因为想到苏东坡的诗句“腹有诗书气自华”，他为儿子取名为“自华”。“自华”是朱自清的原名，这其中寄予了父亲对儿子饱读诗书、气度不凡的殷切期望。又听算命先生说孩子五行缺火，因而给他起号为“实秋”，这一面因“秋”字有半边为“火”，一面是取“春华秋实”之意，希望儿子长大后能学有所成。

在家人的宠爱与呵护中，稳重安静、聪明好学的小自华健康地成长起来。四岁那年，因为父亲从东海到高邮的邵伯镇做官，他便跟随父母一起来到邵伯镇。当时，一家人住在万寿宫，院子很大，家门口就是举世闻名的京杭大运河。邵伯镇很小，也没有多少可以玩耍的地方，况且离开熟悉的环境，寂寥之感倍增。很多时候，年幼的小自华都来到河边，或是静静地看着昼夜不息的流水，或是向河里扔瓦片打发时间。有时，父亲的当差会抱他到铁牛湾去玩耍。那儿有一座铁牛像，对于小孩子而言，这无疑是很好的玩物。小自华喜欢爬到牛背上骑着它，并不停地抚摸它。每当这时，他总能感受到无限的乐趣。

多年后，当朱自清回忆起这段时光时说，许多情形已经随着岁月的流逝渐渐变得模糊起来，但那些记忆中最纯真的快乐一刻也不曾被忘却。这其中令他印象最深刻的是一个在私塾中认识的名叫江家振的好朋友。每天傍晚，江家荒园里总会出现一对小伙伴亲密的身影。他们坐在横倒的枯树干上谈天说地，分享着各自心中的秘密。每逢分别时刻，两个孩子总是依依不舍。在孤寂的小镇上，人生第一个好朋友江家振的出现给朱自清幼小、寂寞的心灵带来了一抹亮色。然而不幸的是，江家振这个瘦弱的小男孩因体弱多病，未及成年就去世了。直到今天，当我们再次读到朱自清的回忆文章时，依然可以从字里行间读出他对于这个好朋友最深切的怀念。

两年时光转瞬即逝。1903 年，父亲将全家搬迁到扬州，六岁的小自华再次来到另一个陌生的环境。这一住，就是十三年。这期间，除去因父亲到江西九江做盐务官曾在江西待过一年，朱自清童年和少年时期的大部分时间都是在这座古城中度过的。扬州对于朱自清而言，无疑是青春记忆中最重要的一站。

朱小坡对朱自清期望甚高，要求也甚严。怕朱自清荒废学业，朱小坡一到扬州便把他送到私塾接受传统教育，经籍、古文和诗词都是必学的内容。不久，又让他进入初等小学，但朱自清没有读到毕业。这期间，朱自清曾师从戴子秋先生学做古文，用朱自清自己的话说："我的国文是跟他老人家学着做通了的。"① 作为后来颇有建树的一代文坛大家，朱自清从小就打下了坚实的古文功底。这一方面得益于诸位良师的悉心传授，另一方面却离不开朱小坡这位严父的敦促。每晚放学归来，小自华都要向父亲汇报当日学习情况。朱小坡一面就着花生、豆腐干喝烧酒，一面

---

①朱自清:《我是扬州人》,《朱自清全集》第四卷 456 页，南京:江苏教育出版社,1996 年。

低吟着儿子写的一篇篇作文。每当看到文章尾后有好评，他便禁不住点头称是，欣然饮酒；若是文章尾后有批评性的言语，他则要埋怨数句。气盛之时，他甚至忍不住把文章投进火炉里烧掉，小自华这时就会忍不住哭起来。

父爱如山。朱小坡对子女固然严厉，却也不乏含蓄深沉的慈爱之举。在冬天寒冷的夜晚，为了使孩子们暖和些，朱小坡便在屋子里点起“洋灯”，烧一锅大家最喜欢的白煮豆腐。他一边微微地仰着脸，一边觑着眼睛，从氤氲着热气的锅里用筷子夹起豆腐放进小家伙们的酱油碟里。孩子们则围坐在桌子边，眼巴巴地望着高高的“洋炉子”，看着那热气，等着热气里从父亲筷子上掉下来的豆腐。

在朱自清十五岁那年，他的祖父去世了，这给整个家庭蒙上了一层阴郁的气息。但令家中人欣慰的是，读书一向用功的朱自清崭露头角，考入了安徽旅扬公学高等小学。那里，有一位黄先生，还有一位陈春台先生，两位师长讲解英文清晰明了，又善于激发学生兴趣，因此颇受朱自清喜爱。不仅仅是英语，对于其他科目，朱自清一直保持着浓厚的学习兴趣。高等小学毕业后，他

又以优异的成绩考入江苏省两淮中学（后改名为江苏省立第八中学）。由于个子不高，这个脸儿圆圆、身子结实的孩子总是被安排坐在第一排。少年时代的朱自清对文学有着浓厚的兴趣，尤其喜欢看小说，曾自命为“文学家”。在老师们眼中，这个学习认真、做事踏实的孩子可以算得上是品学兼优的好学生了，尤其是他老成、朴实、敦厚的品性赢得了老师们的喜爱。毕业时，有一名同学对于校方将品学兼优的奖状授予朱自清意见很大，他感到朱自清不及自己，认为学校不公。但老师们有自己的考量标准，他们一致认为这名学生虽然各科成绩均优，但过于锋芒毕露，不如朱自清沉稳持重。

一个人无论经历了怎样的沧桑岁月，年少时的记忆总是那样难以忘怀。朱自清祖籍在绍兴，但他对这个城市太陌生了，只不过小时候跟母亲回去过两次，每次只住一天，家里除了母亲，没有一个人会说绍兴话。对朱自清而言，真正意义上的故乡恐怕还是扬州，在青春的记忆中打上深刻烙印的也还是扬州。人与城，意之所及，情脉相依。因此，在《我是扬州人》一文中，朱自清曾满怀深情地说：“在那儿度过童年，就算那儿是故乡，大概差不多罢？这样看，就只有扬州可以算我的故乡了。何况我的家又是‘生于斯，死于斯，歌哭于斯’呢？所以扬州好也罢，歹也罢，我总该算是扬州人的。”① 提起一个人的名字，若能让我们想起一座城，必定不仅仅在于这里留下了其人生愁肠百结的生命足迹，更在于其个体生命所呈现出的那份独特的地域气质。就好似北平之于老舍，湘西之于沈从文，扬州之于朱自清。享有“淮左名都”美誉的扬州城已有两千四百多年的历史，自古便是人文荟萃之地、风物繁华之城。“天下三分明月夜，二分无赖是扬州。”扬州城的妩媚娇柔和江南风光的缠绵缱绻令历代文人流连于此，无数瑰丽诗篇更是给扬州这座古城平添了无限的风韵。在这样绮丽的古城风光和浓郁的文化气息中，少年朱自清也形成了自己不俗的审美品位和生活情调，这些都对他后来的文学创作产生了不可估量的重要影响。

“春风十里扬州路”“夜市千灯照碧云”，徜徉在众多的名胜古迹和雅致园林之间，朱自清对

①朱自清：《我是扬州人》，《朱自清全集》第四卷 459 页，南京：江苏教育出版社，1996 年。

于扬州山水自是偏爱有加，也不乏一番独特的品评。有“园林之盛，甲于天下”之誉的瘦西湖就坐落在扬州西北郊，它原名保障河、保障湖，亦称长春湖，山环水抱，风光秀丽。清初吴绮在《扬州鼓吹词序》中这样写道：“城北一水通平山堂，名瘦西湖，本名保障湖。”这是“瘦西湖”一名最早见于文献的记载。乾隆元年（1736），钱塘诗人汪沆慕名来到扬州，在饱览了这里的美景后，与家乡的西湖做比较，赋诗道：“垂杨不断接残芜，雁齿虹桥俨画图。也是销金一锅子，故应唤作瘦西湖。”但是，对于这样一处饱受赞誉的名胜，朱自清却不太喜欢，原因就只在于它“假西湖之名以行，‘雅得这样俗’”[①]。

在护城河下船的地方，蔓延开去，曲曲折折有七八里河道直通平山堂。沿河还有小金山、法海寺、五亭桥等著名风景。小金山就在水中央，四面环水，山水相连，波光云影，在此望水、望月皆是人生的幸事。五亭桥桥如其名，是连接五个亭子的拱形长桥，中间一亭最高，两边四亭，

---

①朱自清：《扬州的夏日》，《你我》39页，北京：生活·读书·新知三联书店，1984年。

参差相称。该桥有十五个桥洞，最宜远望，但看水中倒影也甚好，如乘小船在桥洞中穿来穿去，则另有一番风味。平山堂在蜀冈上，是欧阳修任扬州太守时所建，游人不多，很是宁静。朱自清喜欢登堂闲坐，远眺江南诸山淡淡的轮廓，深感以古诗“山色有无中”来形容这一景色恰到好处。扬州游船有三种：大船专供宴游之用，朱自清小时候常跟父亲一边在船里听谋得利洋行的唱片，一边领略河上美景；“小划子”则像一牙西瓜，由一人用竹篙撑着，乘的人多了便可雇两只，前后用小凳子跨着；“洋划”大小介于大船与“小划子”之间，上头支上布篷，可以遮阳避雨。“洋划”渐渐地多，大船渐渐地少，然而“小划子”总是受到游人青睐，“一个人坐在船中，让一个人站在船尾上用竹篙一下一下地撑着，简直是一首唐诗，或一幅山水画”①。如诗如画的景色令朱自清陶醉其间，不过，若要论精神寄托，还要属梅花岭上的史可法衣冠冢。史可法是明末抗清名将，弘光元年（1645），清军大举围攻扬州城，

①朱自清：《扬州的夏日》，《你我》40页，北京：生活·读书·新知三联书店，1984年。

他率部抵抗，英勇不屈，最终城破兵败，以身殉国。辛亥革命前，朱自清曾照料在史公祠养病的祖父，因此常常能听到老人讲述那些尘封已久的历史故事，史可法那可歌可泣的英雄事迹与坚贞不屈的民族气节深深地震撼着这个少年的心灵。春风化雨，润物无声，地域文化总是在潜移默化中影响着浸润其间的人。扬州浓厚的文化底蕴、美丽的湖光山色，涵养着这个少年丰富的想象力以及敏锐的艺术感悟力，成为滋养其一生的精神土壤。

除了如诗如画般的景色，最令朱自清印象深刻的当属著名的扬州美食。扬州美食不但味道鲜香，而且颜色清丽悦目。品尝扬州美食之所最著名的还是茶馆。假日里，朱自清常常光顾其间。在北门外有一条小街，茶馆最多，店名也风雅，如香影廊、绿杨村、红叶山庄等。坐定了，沏上茶，便有卖零碎的小贩来兜揽生意。小贩手臂上挽着柳条筐，筐子里摆满了小蒲包，分放着瓜子、花生、炒盐豆之类。除了又香又热的炒白果、五香牛肉、烫干丝，还有蟹肉馅儿、笋肉馅儿等各色不一的小笼点心。最可口的是菜包子、菜烧卖，特别是干菜包子，菜选那最嫩的，剁成泥，加一点儿糖和油，蒸得白生生、热腾腾的包子入口即化，余味无穷。扬州的茶食太有味了，以致离开故乡多年之后，朱自清依然满怀深情地惦念着那里的小笼包子，他说：“我离开扬州，也走过七八处大大小小的地方，还没有吃过那样好的点心。”[1] 就连上海、北平等地的茶楼在朱自清心中也不似扬州那般雅致。在他记忆的深处，始终铭记着茶馆里幽静的小池、丛竹和茅亭，绿杨村茶馆随风飘扬在绿杨树上的幌子，还有那“绿杨城廓是扬州”的名句。

朱自清对扬州固然有着深厚的感情，但他也从未掩饰过这份感情中的复杂一面。他曾在文章中直截了当地说“我讨厌扬州人的小气和虚气。小是眼光如豆，虚是虚张声势”[2]，尤其对于“虚气”，朱自清做了特别的交代与说明。扬州人有“扬虚子”的名号，这个“虚子”有两种意思，一是大惊小怪，二是以少报多。比如扬州某中央委员，坐包车在街上走，除拉车的外，有四个人在车子边推着跑着，极尽虚夸之能事。无论何种含

①朱自清:《扬州的夏日》,《你我》41 页,北京:生活·读书·新知三联书店,1984 年。

②朱自清:《我是扬州人》,《朱自清全集》第四卷 457 页,南京:江苏教育出版社,1996 年。

义，其实都是虚张声势的毛病。

这些“讨厌”绝非逞一时之快的意气用事之语，而是与朱自清的亲身经历或者所见所闻不无关系。朱家在扬州本是客籍，加上朱小坡在外省当差多年，生计艰难，家道中落，与当地乡绅望族并无来往。因此，虽在扬州居住多年，朱小坡一家从未真正融入当地豪门望族的圈子中。而这些地方乡绅也绝非儒雅博学的谦谦君子之辈，他们更像是盘踞一方的“高等流氓”。辛亥革命那年，朱小坡生病在家休养，就被这样一个打着军政府名号的乡绅敲诈了一笔钱。种种经历使朱自清过早地体会到了人情冷暖与世态炎凉，但正因如此，也养成了他洁身自好、疾恶如仇的品性。年少气盛、血气方刚的朱自清对社会上的黑暗现象和市井俗气极为不满，尤其看不惯的是横行无忌的“甩子团”。“甩子”是扬州方言，是指当地绅官子弟，他们仗势拉帮结派，胡作非为，劣迹斑斑，经常做出看戏不买票、聚众起哄、包揽诉讼、调戏妇女等坏事。更令朱自清感到奇怪的是，在清朝君主专制时代业已结束的民国时期，豪门乡绅的仆人竟然可以指挥警察区长，大模大样地招摇过市。虽意气难平，但朱自清深知自己人微言轻，只能憋着一口气。朱自清无法凭一己之力改变这种状况，但这种是非分明的正义感伴他一生。

朱自清辗转一生，其足迹遍及海州、扬州、杭州、温州、昆明、重庆、北京等地，然而他之所以对于扬州有着独特的情感，除去上面提及的诸多方面，恐怕还有一个重要理由，那就是他挚爱的结发妻子武钟谦与扬州也有着千丝万缕的关系。说起朱、武两家的联姻，这其中还颇费一番周折。

“不孝有三，无后为大。”在朱自清还不满十一岁的时候，长辈们便开始为他张罗亲事了。虽然朱自清本人仍处在茫然无知的懵懂时期，不过很快家人就为他找了一家姑娘。女方比他大四岁，个儿高，裹小脚，是他曾祖母的娘家人，在苏北一个叫花园庄的乡下小县城生活着。大约在朱自清十二岁的时候，那位姑娘不幸害痨病香消玉殒了。这一来，母亲又开始为他的亲事着急奔走。她托常来做衣服的裁缝做媒，因为裁缝走的人家多，可以看见各家的太太和小姐。不久，裁缝就为朱自清物色到一家正房太太生的大小姐。一天，朱自清穿上母亲为自己准备的盛装，被裁缝带到一个茶馆里与那户人家相亲。那里早有一位先生在等着，他不住地打量着朱自清，对长相看得很仔细，并问朱自清念过些什么书。最后，对方总算是相中了他。可是对方姑娘是什么样子朱自清的母亲心存疑虑，便派亲信仆人去看。亲信仆人回来报告说，那家大小姐比朱自清大得多，而且比较胖，二小姐倒很苗条。朱自清母亲听后不太满意，认为胖了不好生育，有意和二小姐结亲，谁知裁缝一传话，对方生了气，事情就这样吹了，于是只得重新物色人选。隔了一年，在一次打牌时，朱自清母亲遇见一位太太，这位太太有个女儿和朱自清同年，很是聪明伶俐，两家算是门当户对，女方对于联姻之事也颇为满意。然而在婚姻之事上命运之神似乎有意捉弄朱自清，这次半途又出了岔子。原来他本家叔祖母家的一个仆人熟悉女方内情，说这位小姐不是亲生的而是抱来的，朱自清母亲一听心又冷了。

“有心栽花花不开，无心插柳柳成荫”，缘分总在不经意间降临。转眼间，又过了一年，朱自清已十四岁。此时朱小坡得了伤寒病，于是家中请来扬州名医武威三上门诊治。一天，母亲无意中从常去请医生的听差那里听说武家有一位小姐，后来进一步向医生的轿夫证实了此事。朱自清母亲和丈夫朱小坡商量后，便托朱自清舅舅探问武医生的意思，没想到对方一口答允了。朱自清的样子武医生自然是见过了，而女方的样貌、性情如何，朱自清母亲还是依老规矩，派亲信仆人去相看。派去的仆人回来报告说不坏，就是脚大些。父母之命，媒妁之言，事情就这样定下了。母亲又派轿夫传话，让小姐裹上点儿脚。后来成亲之后，妻子告诉朱自清一件趣事：其实，仆人去相亲时，武家让自己的女儿躲起来了，仆人看到的是另一个姑娘。

岁月流转，世事变迁，童年以及青少年时代最是令人难忘。“童年的记忆最单纯最真切，影响最深最久；种种悲欢离合，回想起来最有意思。‘青灯有味是儿时’，其实不止青灯，儿时的一切都是有味的。”[①] 那种味道，是“一味极淡极淡的甜”[②]，虽不是浓烈醉人，却在愈发逝去的时光淘洗中令人惦念。正是在扬州，朱自清度过了人生中最为静谧安稳的儿时岁月。他的学业在这里起步，他的姻缘在这里注定，而他的生命之舟

①朱自清：《我是扬州人》，《朱自清全集》第四卷459页，南京：江苏教育出版社，1996年。

②朱自清：《“海阔天空”与“古今中外”》，《你我》37页，北京：生活·读书·新知三联书店，1984年。

却将离开这片舒适安宁的港湾，驶向另一片广阔无垠的天地。

五四洗礼与呐喊（1916—1920）

梁启超在《少年中国说》中曾以“老大中国”来形容晚清社会满目疮痍、垂垂老矣的陈腐气息。而在欧风美雨的洗礼下，一批热血青年正积极努力地为这个沉睡中的国度注入一股清新的文化之风。1915 年 9 月，陈独秀在上海创办《青年》杂志（1916 年 9 月改名《新青年》），高扬民主和科学两面大旗，向封建文化和封建道德发起猛烈进攻。个人际遇总是与国家命运唇齿相依。春华秋实，扬州一梦，此时的朱自清，也即将迎来整个青春时代最激情澎湃的时刻。1916 年，朱自清没有辜负全家人的热切期望，考入北京大学攻读预科。这一年夏天，他同家人挥手告别，离开了生活多年的扬州故土。

朱自清进入北京大学之日，恰是蔡元培接任校长之时。

北京大学创立于 1898 年，原名京师大学堂，是维新变法运动的产物。变法运动失败后，这所大学堂被保存下来。辛亥革命后，正式改名为北京大学，严复被任命为第一任校长。校长之位历经数人后，教学内容虽有些许改良，但未伤及封建文化传统筋骨。这种情况开始发生彻底变化，正是从蔡元培到来开始的。蔡元培思想开明，学识渊博，是中国近代著名的自由主义教育家，曾两度留学欧洲考察教育，并参加过辛亥革命。他一接任北大校长，便决心除旧布新，扫除原有陈腐习气，创立一个学术思想自由的最高学府。

在“兼容并包”办学方针的指导下，北大开始千方百计网罗学有专长的学者和具有先进思想的新派人物。蔡元培在翻阅了十余本《新青年》后，对其大为赞赏。得知此时《新青年》的主编陈独秀正好住在前门一家旅馆里，求贤若渴的蔡元培立即驱车前去拜访，聘请他出任北大文科学长，主管文学、哲学、历史等系，陈独秀欣然就任。同时，为了更好地发挥《新青年》的阵地作用，陈独秀一到任便将刊物编辑部从上海迁至北京。新文化运动的另一领军人物胡适于 1917 年 7 月回国，9 月即被聘为北大教授，讲授英文学、英文修辞学及中国古代哲学三门课。接着，李大钊也被聘为北大图书馆主任，并兼任历史经济系教授。此时的北大可以说是风云际会、人才济

济。以《新青年》为思想阵地，在新与旧的交织撞击中，文学革命运动的号角奏响了。胡适在《新青年》第三卷第五期发表了《文学改良刍议》，为了保持趁热打铁的势头，陈独秀在第六期发表了《文学革命论》。

此时的北京大学朝气蓬勃，气象一新。新人物，新环境，新思想，令这个刚刚从江南水乡跋涉而来的青涩少年眼界大开，心灵也为之震颤。在广阔浩瀚、自由洒脱的知识海洋中，朱自清尽最大努力接受新鲜事物，消化新鲜思想。当时，北大图书馆设在马神庙公主楼，朱自清整天泡在里面，翻阅着新刊物和新书籍。如果说扬州是朱自清悠游其间的一方静谧、闲适的天地，那么北京则如同激荡着惊涛骇浪的汹涌海洋。

求学时光清寒却也充实，很快，寒假将至。正当朱自清为学业用功之时，一封催促他早点回去完婚的家书使他迎来了人生中又一重要时刻。订婚五载，朱自清已长成踌躇满志的小伙子，而在扬州订下的武家姑娘也年已及笄。双方都到了“男大当婚，女大当嫁”的年纪，成亲之事自然被提上日程。作为家族中的长子长孙，早些步入婚姻殿堂是关系着延续家族血统的头等大事，朱自清自然不敢怠慢。假期一开始，他便急匆匆地背起简单的行囊赶回扬州。当时，家中经济状况尚算宽裕，因此朱自清的婚事办得还颇体面。虽然早已订婚，但直到这一刻，朱自清才第一次看到自己的妻子。对于之前并未有过任何接触的两个年轻人来说，陌生、羞涩之感是自然存在的。武钟谦接受的是传统教育，贤惠温柔，体贴大方。新婚宴尔，两人相敬如宾。幸福的时光总是甜蜜而短暂的，结婚满月后又过了二十天，开学时间到了，于是朱自清怀着恋恋不舍的心情告别新婚妻子，再次北上。

正值朱自清学业、爱情双丰收之际，朱家经济状况却逐渐拮据起来。朱自清新婚不久，父亲朱小坡的差事交卸了，养家糊口的担子也愈发沉重起来。为了让朱自清专心学业，朱小坡叮嘱三儿子国华不要写信把家事告诉他。但当朱自清暑假回家住了一些日子后，终究有所察觉。为了表明自己不畏清贫、高洁自守的决心，他引用《楚辞·卜居》中“宁廉洁正直以自清乎”一句，正式将自己的名字改为“自清”。同时，又想到《韩非子·观行》有云“西门豹性急，故佩韦以自缓；董安于之性缓，故佩弦以自急”，韦，是

皮条，性柔韧，弦，绷紧，性刚劲，因自感性情迟缓，朱自清便为自己取字“佩弦”，以示自我勉励。看着家中一日不如一日的光景，朱自清心中很是焦虑。当时北大规定，学生应读两年预科，然后才能考读本科。朱自清考虑到家中实际的经济条件，觉得按部就班地就读无疑会增加家中的开销，便决定提前一年投考本科来减轻父亲负担。经过努力学习，他成功考入哲学系。

可是，屋漏偏逢连夜雨。这年冬天，朱自清七十一岁的祖母在扬州病逝，而在徐州任烟酒公卖局长的父亲这时又卸了职。接到噩耗，朱自清连忙乘车赶到徐州与父亲会合。一路风尘仆仆回到扬州，只见家中满院狼藉，想起刚刚过世的祖母，朱自清不禁潸然泪下。倒是父亲朱小坡更显坚强，他安慰儿子道：“事已如此，不必难过，好在天无绝人之路！”朱小坡设法变卖了一批家当，又借了一笔钱才勉强办完丧事。丧事完毕，朱自清要赶回北京上学，朱小坡也要到南京谋事，于是父子二人决定同行。到了南京，朱小坡因为事务繁忙，便想叫旅馆里一个熟识的茶房陪儿子去火车站，但又怕茶房不妥帖，踌躇一番之后最终还是决定亲自为儿子送行。来到浦口车站之后，爱子心切的父亲顾不上自己行动不便的腿脚，坚持要为儿子买几个橘子。朱自清看见父亲戴着黑布小帽，穿着黑布大马褂、深青布棉袍，蹒跚地走到铁道边，慢慢探身下去，尚不困难。可是当他穿过铁道，要爬上月台的时候，就不容易了。他用两手攀着上面，两脚再向上缩，肥胖的身子向左微倾，显出努力的样子。这时朱自清看着父亲的背影，泪水情不自禁地流了下来。怕父亲和别人看见，朱自清赶紧用衣袖擦干了泪水。当他再次看向父亲时，父亲已抱着朱红的橘子往回走了。过铁道时，朱小坡先将橘子散放在地上，自己慢慢爬下，再抱起橘子走，朱自清赶紧去搀他。父子两人走到车上，朱小坡将橘子一股脑儿放在朱自清的皮大衣上，拍拍衣上的泥土，心里很轻松似的。过了一会儿，他对儿子说：“我走了，到那边来信！”走了几步，他回头望着儿子不舍的神情说道：“进去吧，里边没人。”等父亲的背影混入来来往往的人群里，再找不着时，朱自清才上车坐下，他的眼泪再次抑制不住地流了下来。数年之后，朱自清将这段往事写成散文名篇《背影》，详细回忆了这一细微却感人至深的场景，令无数读者为之动容。

1918年，是朱自清婚后第二年。长子迈先的出生使朱自清体会到初为人父的喜悦，但随之而来的是家中更加艰难的生计。所以在提前一年考取本科后，朱自清丝毫不敢懈怠，一门心思要在三年的时间里读完四年的课程，早一些毕业好出去谋份差事，为父亲分忧。那时，《北大日刊》上经常公布各系缺课的学生名单，朱自清的名字从未出现过。在师友们眼中，这个个子不高却很结实的青年有些沉默寡言，虽然对于政治活动不甚积极，但在学业上相当用功。他刚进哲学系时，整天埋头苦读，不大和同学交往。他的同学杨晦回忆说："朱自清先生跟我是同班的同学，我们都是民国九年北大哲学系毕业的学生。不过，我们彼此间却等于没有来往。他是一个不大喜欢讲话的人……我们同课桌坐过一学期，因为当时的座位是一学期一换，我们大概没有谈过两三句话。然而，我对于他却印象清楚而且感觉很亲切……朱先生比我只大一岁，然而，在同学时，他却已经显得很老成，我完全是个孩子的样子。"①

---

①杨晦：《追悼朱自清学长》，《杨晦文学论集》290页，北京：北京大学出版社，1985年。

在朱自清为学业与前途忙碌奔波之际，巨大的民族危机也渐渐地笼罩了中国大地。继1915年袁世凯与日方秘密签订出卖主权的“二十一条”协定之后，操控北京政府实权的皖系首领段祺瑞在出卖国家权益的道路上变本加厉。1917年8月14日，北京政府加入“协约国”并向德国宣战，成为第一次世界大战的参战国。1918年初，日本向段祺瑞控制下的北京政府提供了大量贷款；同年9月，北京政府与日本交换了关于向日本借款的公文，作为借款的交换条件之一，北京政府同意日本驻兵济南、青岛，为日本帝国主义侵略中国领土打开了方便之门。日本帝国主义侵吞中国的企图已是司马昭之心，一时之间，爱国民众对于国家前途命运不禁忧心忡忡。

个人气质秉性加上生活的重担，使朱自清显得比同龄人更加老成，也似乎缺少同龄人的张扬奔放。然而，这并不意味着他完全“两耳不闻窗外事”。时代巨浪的拍打与洗礼激发出朱自清前所未有的青春激情。在欧风美雨的浸润与一批进步教师的带动下，北京大学文科面貌有了很大的变革。朱自清所在的哲学系课程设置已逐步完善，教授之中新聘人员也逐步增多。校内学生思

想十分活跃，社会活动很多，北大实际上已成为当时反帝反封建的战斗堡垒，思想活跃、精力充沛的学生们成为反帝爱国行动的先锋。1918 年 11 月，第一次世界大战“协约国”胜利的消息传来，北京城沸腾了。在浓浓的冬意里，有人开始张灯结彩，鞭炮声也响个不停。北大校长蔡元培兴奋之余，向教育部提出申请，请求延课两天，并希望在这两天借用天安门的临时高台以供北大教授们公开演讲。那两天，蔡元培每天都去演讲一次，其他文理科学长教授也陆续登台，在冷风中向大众讲演，几至喉咙嘶哑。在题为《黑暗与光明的消长》的演说中，蔡元培说：“现在世界大战争的结果，协约国占了胜利，定要把国际间一切不平等的黑暗主义都消灭了，用光明主义来代它。”北大教授李大钊也发表了题为《庶民的胜利》的演说，他把欧洲战争的结束和十月革命联系起来考察，告诉人们，此次德国的失败“是庶民的胜利”“是资本主义失败，劳工主义战胜”。在猛烈的斗争风雨冲激下，朱自清在关注书斋生活的同时也开始积极留心并参加校内外的政治活动。

1919 年 1 月 8 日，巴黎和会召开。中国也以战胜国身份派代表参加会议，无数中国民众把争取民族独立和领土完整的希望寄托在这次会议上。然而，“弱国无外交”，所谓“公理战胜强权”不过是一个美丽的童话。会上，代表团提出废除外国在中国的势力范围、撤退外国在中国的军队和取消“二十一条”等正义要求，但与会各大国不仅拒绝了这些请求，甚至还决定将德国在中国山东的经济利益转让给日本。消息传来，犹如一声巨雷将人们的幻想击得粉碎。在残酷的现实面前，人们终于认识到：“强权”才是最大的“公理”，与其将希望寄托于帝国主义虚妄的同情，不如拼却一己之躯发出最后一声呐喊！从 5 月 1 日开始，北京的学生纷纷罢课，组织演讲、宣传活动，随后天津、上海、广州、南京、杭州、武汉、济南的学生、工人也给予响应。5 月 3 日晚上，千余人在北大法科大礼堂聚集。情绪激昂的学生们纷纷慷慨陈词，法科学生谢绍敏悲愤填膺，当场将中指咬破，撕裂衣襟，血书“还我青岛”四个大字，并示之于众。这更激励了全体学生的情绪，学生代表决定第二天即 5 月 4 日早晨举行全体游行示威，大家掌声如雷，一致同意。5 月 4 日下午，北京高等师范学校、北京大学、中国大学等十三所高校的三千多名学生代表冲破

军警阻挠，云集天安门。他们打出“还我青岛”“废除二十一条”“外争主权，内除国贼”等口号，同时要求惩办交通总长曹汝霖、币制局总裁陆宗舆、驻日公使章宗祥。游行的队伍浩浩荡荡地来到了赵家楼胡同，发现曹宅的大门早已紧闭，以匡互生为首的一众人等破门而入，痛打了来不及逃走、化装成日本人的章宗祥，并在曹宅内放了一把火。

朱自清也参加了这一载入史册的爱国运动，赵家楼的冲天火光不仅映红了北京城的天地，也照亮了朱自清的精神世界。在狂风暴雨中，五四狂飙将他的激情彻底点燃。此后的一段时间里，他积极奔走，热心于政治宣传事业。1919 年 3 月 7 日，北大中国文学系学生邓中夏在蔡元培和李大钊的支持下，发起组织“平民教育讲演团”。3 月 23 日，该团体正式成立，以“增进平民知识，唤起平民之自觉心”为宗旨，后来朱自清也加入其中。北京大学平民教育讲演团是五四时期著名的进步社团之一，从成立之日起就积极开展革命工作。团员们常常冒着黄沙满天、寒风刺骨、酷暑蒸人的恶劣天气四处讲演。为了便于开展革命工作，邓中夏将平民教育讲演团分为四组，朱自清任第四组书记，负起了领导的责任。1920 年 4 月 6 日，讲演团从北京出发乘车到通县，分组在热闹地方进行了六次讲演，听众达五百多人，朱自清讲题为《平民教育是什么?》和《靠自己》。5 月 1 日，北京大学工人和学生数百人举行了纪念大会，号召人们把五一节当作引路明灯，向光明道路前进。第二天，平民教育讲演团深入北京街头对群众进行宣传，朱自清做了题为《我们为什么要纪念劳动节》的讲演，他慷慨陈词，向人们介绍了五一节的来历和纪念意义。

五四运动之前，文学革命运动就如火如荼地深入开展起来了。文学理论方面，在集中力量批判旧戏曲、鸳鸯蝴蝶派等旧文学的同时，李大钊、胡适、周作人对于如何建设新文学也提出了具体的文学主张。与此同时，新文学创作也进入尝试起步阶段，并取得了引人注目的实绩：小说方面，鲁迅发表了第一篇白话文小说《狂人日记》，借“狂人”之口揭露出封建礼教和家族制度“吃人”的本质，发出了“救救孩子”的呼声；诗歌方面，胡适、刘半农、沈尹默等人的新诗，一改旧诗格律的陈旧气息，抒唱了发自内心的真情；还有许多介绍外国文学的文章，促进了外国

文学思潮的涌入，使中国文学眼界为之大开。1919 年 1 月，北大学生酝酿创办的新杂志《新潮》正式问世，该杂志提倡革新文词，发扬批评精神，向封建礼教发起猛烈进攻。朱自清加入了创办该杂志的“新潮社”，并在第三期杂志上发表译文《心理学的范围》。在“新潮社”中，朱自清老成持重的性格发挥了作用，孙伏园回忆说：“我们比较相熟还是在新潮社共同讨论《新潮》和一般思想学术问题的时候。佩弦有一个和平中正的性格，他从来不用猛烈刺激的言词，也从来没有感情冲动的语调。虽然那时我们都在二十左右的年龄。他的这种性格近乎少年老成，但有他在，对于事业的成功有实际的裨益，对于分歧的意见有调解的作用，甚至他一生的学问事业也奠基在这种性格。”①

在新文化雨露的哺育下，朱自清儿时对于文学浓厚的兴趣重新复苏，那个曾经自命为“文学家”的少年终于走上了文学创作之路。1919 年 2 月的一天，他结束了一天的学习，从图书馆回到宿舍。同房间一位姓查的同学，从伊文思书馆寄

① 孙伏园：《悼佩弦》，天津《大公报・大公园地》第三〇五期。

来的书目里得到一张名为《睡罢，小小的人》的画片，画上是一位在月光下怀抱着婴儿的西洋妇人。朱自清在无意间瞥见这幅画，那温柔皎洁的月光、在微风中摇曳生姿的花枝、神态安详静默的母子都令他感到这幅画很可爱。受到感染的朱自清顿时感到有一种无法抑制的创作冲动，他迅速铺开稿纸，提笔写下了人生中的第一首诗歌《睡罢，小小的人》：

……
"睡吧，小小的人。"
你满头的金发蓬蓬地覆着，
你碧绿的双瞳微微地露着，
你呼吸着生命的呼吸。
呀，你浸在月光里了，
光明的孩子，——爱之神！
"睡吧，小小的人。"
夜底光，
花底香，
母底爱，
稳稳地笼罩着你。
你静静地躺在自然底摇篮里，
什么恶魔敢来扰你！

"睡吧，小小的人。"
我们睡吧，
睡在上帝的怀里：
他张开慈爱的两臂，
搂着我们；
他光明的唇，
吻着我们；
我们安心睡吧，
睡在他的怀里。
……①

或许谁也不曾想到，朱自清文学创作之路的开启缘起于一张画片，就连诗歌的题目也与画片同名。在清丽雅致的笔调中，诗人追求光明、向往自然的愿望如同一泓清水流出山涧般缓缓倾泻于纸上。紧接着，朱自清以"余捷"的笔名将这首诗歌寄给北京《时事新报》副刊《学灯》，并于1919年12月11日得到发表。五四运动浪潮以及处女作的发表极大地鼓舞了朱自清的诗歌创作热情，一股昂扬奋发之气充盈其身，他迫切地寻

---

①朱自清:《睡吧，小小的人》,《朱自清全集》第五卷3—4页，南京:江苏教育出版社，1990年。

求光明，呼唤希望，且看这首《光明》：

呀！黑暗里歧路万千，
叫我怎样走好？
“上帝！快给我些光明罢，
让我好向前跑！”
上帝慌着说：“光明？
我没处给你找！
你要光明，
你自己去造！”[①]

后来，当朱自清谈及为什么写诗曾这样用词时说道“这是时代为之”，“那时是个解放的时代。解放从思想起头，人人对于一切传统都有意见，都爱议论，作文如此，作诗也如此。他们关心人生、大自然，以及被损害的人”[②]。在时代的疾风暴雨中，新思想、新声音、新希望深深地涤荡着年轻一代的心灵，一切反传统的热情被彻底激发起来，而诗文便成为这种情绪最直接、最有

①朱自清，《光明》，《中国新诗百年大典》第2卷，武汉：长江文艺出版社，2013年。

②朱自清：《诗与哲理》，《新诗杂话》23页，北京：生活·读书·新知三联书店，1984年。

力的宣泄方式。因此，虽然作为北大哲学系的学生，朱自清却选择以文学方式来抒发自己对时代的感受也就不足为奇了。年轻诗人热切地向往光明，他渴盼“一色内外清莹、不见纤毫翳障的光明世界”，愿永远浸在这样的“光明海”中(《满月的光》)，他穿行在黑暗空地里，“一层层往里追寻”那充满光明的嘹亮歌声(《歌声》)。同时，他又时刻关注现实、鞭挞黑暗。听到安庆蚕桑女校学生被军阀蹂躏的惨状，他悲愤不已，于 1919 年 12 月 18 日在《时事新报》副刊《学灯》发表《羊群》一诗，将美丽聪明的羊儿惨死饿狼口下的一幕刻画得触目惊心，生动地揭露出普通民众在封建军阀统治下“人为刀俎，我为鱼肉”的悲惨命运。

1919 年，对于风雨飘摇中的中国来说是具有划时代意义的一年，而这一年对于朱自清而言同样具有特殊的意义。他的精神世界被理想之光普照，他的政治激情、文学热情被希望之火点燃。前路漫漫，虽然尚在黑暗中摸索，但是这个历经五四风雨洗礼的青年人却对未来充满憧憬与希望。于是，在新的一年即将到来之时，他怀着激动的心情写下了一首名为《新年》的诗篇：

夜幕沉沉，
笼着大地。
新年天半飞来，
啊！好美丽鲜红的两翅！
她口中含着黄澄澄的金粒——
“未来”的种子。
翅子“拍拍”的声音
惊破了寂寞。
他们血一般的光，
照彻了夜幕；
幕中人醒，
看见新年好乐！
新年交给他们
那颗圆的金粒；
她说，“快好好地种起来，
这是你们生命的秘密！”[1]

诗人不落窠臼，以极其丰富的想象把新的一年比喻为长着“美丽鲜红的两翅”的天使，光彩照人，而她口中那颗“‘未来’的种子”则象征

①朱自清：《新年》，《朱自清全集》第五卷 11 页，南京：江苏教育出版社，1990 年。

着五四之光带来的光明未来。这一时期，朱自清时常将点点滴滴的感兴化作诗意的篇章，与当时许多诗人一样，他常常从大自然和日常生活里去发现和体味精微的哲理，进行深邃的思索。他歌颂那发出“赤和热”的煤，赞美它给人间带来“美丽”和“光明”（《煤》）；他咏唱那向阳而生的小草，敬佩它们由沉睡到苏醒、由萎黄到生机勃勃、由不见踪影到漫山遍野，给大地带来了无限春意；他抒写那“让我们看出道路坦坦”的路灯，感激它们帮着人们了解自然，给人们以“希望和慰安”（《北河沿的路灯》）。

新年过后不久，朱自清开始忙碌起来，他要为最后的毕业大考做足准备。在三年时间里，朱自清凭借顽强的毅力与刻苦的付出如愿以偿地修完了哲学系的四年课程。5 月，他顺利地通过考试提前一年毕业，为大学时光画上了一个圆满的句号。

北大四载，似水流年。短暂而又充实的大学时光给朱自清带来的不仅是扎实的学养积淀，更有烛照其一生的精神启蒙资源，带着这些精神财富，朱自清走出校门，昂首迈进人生的另一段新征程。

往来辗转之苦闷（1920—1922）

“功夫不负有心人”，一向在学业上勤奋刻苦的朱自清不仅提前一年毕业，而且刚走出校门，便经由北大校长蒋梦麟推荐，得到杭州第一师范学校任教的机会。这对当时已是捉襟见肘的朱家来说无异于喜从天降。自从朱小坡与儿子分别之后，并未谋到差事，反而病倒外乡，后被人送回扬州。身体的苦痛令朱小坡抑郁不已，加之家道日衰，使他的脾气变得有些暴躁，好在儿子的出色表现让这位在贫病中挣扎的父亲得到极大的安慰。

这一年暑假过后，朱自清带着妻子武钟谦和儿子迈先赴杭州任教，开始了中学教育生涯。此后的五年里，朱自清一直在江浙一带，辗转多所学校。据黄延复《清华逸事》记载：从 1920 年 6 月到 1925 年 8 月，朱自清先后任教于杭州第一师范、扬州八中、吴淞中国公学、台州六师、温州十中、宁波四中、白马湖春晖中学七所学校。“春蚕到死丝方尽，蜡炬成灰泪始干。”从此，朱自清有了一个崭新的身份——老师，七尺讲台也成为他耕耘一生的地方。

杭州第一师范学校前身是浙江两级师范学堂，1913 年改为浙江第一师范学校，当时的校长是资深望重、具有民主主义思想的教育家经亨颐。他采取“与时俱进”的教育方针，倡导学生接受新思想。当时的一师经过五四反帝爱国运动的洗礼，成为浙江新文化运动的堡垒。就在朱自清到来前不久，浙江一师学生施存统在《浙江新潮》上发表《非孝》一文，对孔孟之道发起猛烈攻击。被触怒的浙江省教育当局和省议会以学校支持学生运动为由，要解聘被称为“四大金刚”的四名国文教员刘大白、夏丏尊、陈望道、李次九，并且要罢免拒不执行命令的校长经亨颐。学生一方坚决反对，经过激烈斗争，解散一师的阴谋虽未得逞，但经校长和四位教师相继离职。这就是闻名全国的“浙一师学潮”。

朱自清到浙江一师任教时，经亨颐校长已经离开，但一师师生的斗争精神得以延续。由于学校风气颇为活跃，师资力量也较为充实，刚刚参加工作的朱自清对教育事业满怀着期望与信心。深受民主科学进步思想影响的朱自清立刻投身到进步师生的革新事业中，先后担任了校内有关研究、惩戒和训育方面的职务。五四余温未褪，朱自清也将心中燃烧着的对光明的期盼落于笔端。在《浙江第一师范十日刊》学生自治会周年纪念号上，他发表短论《自治底意义》，全文围绕着注重人的全面自由发展进行充分阐述，充满了五四启蒙色彩。而在诗歌《送韩伯画往俄国》中，他塑造出一个勇于追求真理的先进知识分子形象，谱写了一曲十月革命的赞歌。

对于之前从未有过正式授课经验且性格内敛腼腆的朱自清来说，面对众多陌生面孔侃侃而谈，的确是一个不小的挑战。第一次上课，出现在学生们面前的是一个近乎乡下佬儿的质朴形象：矮矮胖胖的身子，方方正正的脸庞，配上一件青布大褂，一个平顶头。由于是师范学校，学生的年龄差距很大，小的只有十五六岁，大的竟有二十七八岁，大多数是二十岁上下。当二十三岁的朱自清面对这些同龄人，甚至是比自己大四五岁的“老学生”时，顿时有些心情紧张、手足无措，他操着一口不甚好懂的扬州官话，有些机械地背着教案，十分不自然。正如学生魏金枝回忆的那样：“好像他在未上课之前，早已经将一大堆话，背诵过多少次，又生怕把一分一秒的时间荒废，所以总是结结巴巴地讲。然而由于他的略微口吃，那些预备了的

话，便不免在喉咙里挤住。于是他就更加着急，每每弄得满头大汗。”①

初到一师，师生之间尚不能深入了解。加上初出茅庐的“小先生”在颇为世故的“老学生”面前缺乏足够的教学经验与授课技巧，尤其是一有学生发问，朱自清就不免慌张起来，不仅面红耳赤，连语速也变得急促起来，直到问题完全解决，才得以平静下来。这些都令朱自清的处境有些尴尬，师生之间相处得也不是那么愉快。在他后来所写的诗作《转眼》中，就具体记录了当时不愉快的情形：学生们惊诧、怀疑的目光从四面八方投来，好奇地听他讲着课，但他就像一个从天而降的生客，怎能够不被排斥呢？不但如此，学生们还窃窃私语，这令自尊心极强的朱自清感到羞辱，于是决定辞职。

知晓他要辞职的消息，同学们都劝他不要离开。面对同学们热情的挽留，朱自清心软了，他“只有留下，留下在那江南了”。经此种种，朱自清的教育热情不可避免地受到了打击，不过，他

① 魏金枝：《杭州一师时代的朱自清先生》，转引自《中国现代教育家传》第4卷245页，长沙：湖南教育出版社，1987年。

对学生一贯认真负责的态度却并未因此而打丝毫折扣。令人欣慰的是，在相互磨合的过程中，师生间的关系渐渐融洽起来。学生们常常到“小先生”家里求教，他局促不安地让坐、倒茶，勤勤恳恳地招待，规规矩矩地谈话。朱自清和学生的谈话内容都是很平常的事，如同与朋友促膝倾谈一般。他会率真地向学生说起他自己不能再求深造的痛苦，甚至以为年轻轻的就出来教书，也是一种抱憾。

与初来之时的踌躇满志相比，现实的种种境遇使得朱自清倍感无力与惶惑。《转眼》一诗不仅抒发了诗人初涉教育领域后碰壁受挫之感，更表露出这个年轻人在五四运动落潮时的苦闷心情。幻想的破灭，现实的黑暗，狂飙过后，路在何方？如果说在狂风暴雨袭来的时刻，他尚能投身其中忘我地引吭高歌，那么当革命势头消退、政治形势错综复杂之时，他便犹疑不决、徘徊不前了。这是对五四落潮时期一批青年知识分子心态的写照，朱自清真诚地将这种心绪记录了下来，如在《怅惘》一诗中他这样写道：

只如今我像失了什么，
原来她不见了！

她的美在沉默的深处藏着，
我这两日便在沉默里浸着。
沉默随她去了，
教我茫茫何所归呢？
但是她的影子却深深印在我心坎里了！
原来她不见了，
只如今我像失了什么！[①]

“她”具有象征意味，代表着希望、光明等一切美好的事物，“她”的不见无疑表露出青年诗人内心沉重的失落感。在众多复杂矛盾的纠缠中，他怅然若失，无所归依，既对当下感到困惑，更对未来感到迷茫：“理不清的现在，摸不着的将来，谁可懂得，谁能说出呢？”在凝练的笔调中，朱自清将自己既不愿随波逐流又无力激流勇进的矛盾心理刻画得细致到位。

忧思郁结，朱自清便常常寄情山水以求舒散。正如白居易所称赞的那样：“江南忆，最忆是杭州。”作为历史文化名都，杭州的诗意山水，可以说俯拾皆是，令古今多少游人流连驻足！身

①朱自清：《怅惘》，《朱自清全集》第五卷18页，南京：江苏教育出版社，1990年。

处此境，热爱自然的朱自清当然不会错过。1920年11月28日，他约了几个友人，一起去游逛天竺、灵隐、韬光、北高峰、玉泉等胜景。触景伤情，诗歌成了朱自清抒怀解郁的最好方式，晚间闲来无事，他就努力写诗，日积月累下来，竟也写了不少。朱自清将这些诗作结集，命名为《不可集》。所谓“不可”者，乃出自《论语》“是知其不可为而为之者与”，有突破自我、尽力尝试的意思。当时，与他同来的北大同学俞平伯从学生时代就开始写诗，并且作品常在《新潮》等刊物上发表。于是，朱自清将《不可集》拿给他看，希望得到他的批评指正。只可惜这样的日子不到半年，俞平伯就辞职到北京去了。而在执教一年后，朱自清也因“自感学识不足，时觉彷徨”[1]，加上五四退潮的苦闷，决定离开一师。

1921年暑假，朱自清经人介绍前往扬州担任江苏省立第八中学教务主任。扬州是他最熟悉的地方，照理说在此任教应是游刃有余的。然而，仅仅待了三个月之后，朱自清便愤而辞职。这与

①朱自清:《转眼·序》,《朱自清全集》第五卷42页，南京:江苏教育出版社,1990年。

当时八中的风气以及朱自清耿直的秉性有直接关系。初来之时，他颇想有所作为，还为学校写了一首校歌：“浩浩乎长江之涛，蜀冈之云，佳气蔚八中。人格健全，学术健全，相期自治与自动。欲求身手试豪雄，体育须兼重。人才教育今发煌，努力我八中。”从中我们不难看出朱自清志在培养全面发展的人的教育理想。然而，随后发生的一系列事情却令他对这所学校的风气大失所望。他到任不久便和人发生了争执。古典文学专家余冠英当时是投考八中的小学生，在办报名手续时认识了朱自清，这位微胖却很和气的教务主任给孩童时期的余冠英留下了深刻印象。当时余冠英的小学教师洪为法带着另一个孩子也来报名，却意外地因为保证书有问题同朱自清争执起来。一方要求通融，一方坚执不允，结果是洪为法悻悻而去。这令余冠英觉得这位教务主任虽然表面谦和，但实际是很严厉的。

不善逢迎、恪守原则的处事方式也使朱自清处处碰壁。有一次，他在排课时不知道该校一位资深教师还在别校兼课，因两校相距较远，该教师按照朱自清排的这份课表上课便来不及吃午饭。尽管朱自清事后做了调整，但那位教师依旧盛气凌人地到校长那儿告状。老于世故的校长非但不解释，还曲意袒护他，使得这位教师气势更加嚣张，他脸上露出得意的微笑，轻蔑地看着沉默的朱自清。这令朱自清极为愤慨，没有多久，他便毅然决定离开这个令他厌恶的地方。

这一年秋天，得知朱自清的境况后，在上海中国公学执教的刘延陵便介绍他到该校中学部教书。一年多的教学经历虽然短暂却风波不断，现在，朱自清终于有机会稍稍喘息。在教学之余，朱自清将精力投入到文学事业中，收获了颇为丰硕的成果，这自然还要从结识叶圣陶、加入文研会说起。

当时，朱自清刚刚安顿好，刘延陵便兴奋地告诉他："叶圣陶也在这儿！"叶圣陶是苏州人，1916年便创作出我国第一个童话故事《稻草人》；1919年，加入北京大学新潮社，只不过那时他并不认识朱自清；之后正式开始白话文学创作，写有不少新诗和小说，在文学界也颇有名气。对于叶圣陶的这些作品朱自清并不陌生，正所谓"读其文想见其为人"，朱自清在钦羡的同时也充满了好奇。

"怎样一个人？"朱自清好奇地问。

"一位老先生哩。"刘延陵的回答令朱自清感

到有些意外。

后来，刘延陵带他去拜访叶圣陶。那天正好阴天，一见面，朱自清觉得叶圣陶年纪并不似刘延陵说得那样老，“只那朴实的服色和沉默的风度与我们平日所想象的苏州少年文人叶圣陶不甚符合罢了”①。性格内敛的朱自清见了生人照例说不出话，叶圣陶似乎也是沉默，所以初次见面两人并未多言，只是泛泛交换了几句对创作的看法。不过，随着交往慢慢密切，两人的情谊与日俱增。朱自清在《我所见的叶圣陶》一文中，通过一件件往事详细地记叙了自己与叶圣陶的交往经历。在朱自清笔下，这位文坛大师褪去了耀眼的光环，更显平易近人，他的寡言、和易、天真、坦诚，无一不生动地展现在读者眼前。朱自清喜欢好友的和易，这份和易“出于天性，并非阅历世故，矫揉造作而成”②，更喜欢他厌恶妥协的率直精神。而这些气质秉性都与朱自清甚为契合，因此，在后来的日子中，两人能够成为亲密

①朱自清：《我所见的叶圣陶》，《星斗其文，赤子其人》73页，北京：人民日报出版社，2014年。

②朱自清：《我所见的叶圣陶》，《星斗其文，赤子其人》74页，北京：人民日报出版社，2014年。

无间的挚友也就不足为奇了。

叶圣陶不仅在文学创作上颇有成绩，也是文学研究会发起人之一。该团体 1920 年底由郑振铎、沈雁冰、叶圣陶、许地山、王统照、周作人、孙伏园等十二人在北京酝酿发起，下设小说、诗歌、戏剧、批评、杂文五个小组，叶圣陶是诗歌组成员。1921 年 1 月 4 日，文学研究会在北京中山公园来今雨轩正式成立，并在改革后的《小说月报》上发表了“宣言”与“简章”。文研会主张文学要“为人生”，表现并且讨论一些有关人生的问题，反映社会的现象。因为“将文艺当作高兴时的游戏或失意时的消遣的时候，现在已经过去了”①。朱自清随后也加入其中，入会号数为 59。1921 年，文学研究会骨干郑振铎等人南下上海，组成了以上海为活动基地的阵营，叶圣陶和朱自清都是其中的活跃分子。

初到上海的那一个月，朱自清与叶圣陶、刘延陵几乎每天下午都同往海边去游逛一番。吴淞位于黄浦江出口处，也靠近扬子江口，濒江而近

①《文学研究会宣言》,《中国现代文学资料与研究》下册 4 页，北京：北京师范大学出版社，2008 年。

海，风景与城市大不相同，这对于过惯了城市生活的三个人来说是极为新鲜的，一种兴奋的情绪在他们胸中激荡。走出中国公学校门，不到十分钟就能到达黄浦江边。海天一色，仿佛光明无边的远景；波浪前仆后继地拍打着海岸，犹如坚持不懈的壮志。三位志同道合的伙伴或是一同踏上由杂乱的巨石铺垫而成的岛礁，尝试寻找美丽的贝壳，或是静静聆听神秘的涛声。三个人经常沉浸在这样令人心旷神怡的景色中，他们行走着，交谈着，沉思着，很多思想的火花就在这样的谈话中碰撞出来。有一个秋日午后，他们从海边回学校时，云淡风轻，不冷不热，显得比往日更加秋高气爽。三个人一路上谈兴很浓，他们从学校里的国文课谈到新诗，又谈到当时缺少专门刊载新诗的定期刊物，于是他们当即决定由自己试办一个。那时三个人都是二十几岁的年轻人，热情很高，回到学校后马上写了一封信寄给上海中华书局的经理，请求书局承担刊物的印刷与发行工作。

这本刊物便是后来中国现代文学史上第一本诗刊《诗》。发行计划得到中华书局左舜生的支持后，朱自清马上写信将这个消息告诉了在北京的俞平伯：“《诗》决由中华书局承办，已定。”

1921年10月20日，在《时事新报》副刊《学灯》上，连续三天登载了一则用诗的形式写的《〈诗〉底出版预告》。预告刊出后，朱自清三人加快了筹备工作。10月底，《学灯》上又登出了《〈诗〉底出版预告〈二〉》，宣告："创刊号准予明年1月1日出版。"内容为"一诗，二译诗，三论文，四传记，五诗评，六诗坛消息，七通讯"。预告登出后，得到了社会重视。

朱自清、叶圣陶、刘延陵都是白话文的积极践行者，也创作了不少白话新诗，自然对新诗不遗余力地进行大力提倡。不过，当我们再联想到当时的创刊背景，这次尝试无疑有着更加重要的抗争意义：新文学取代旧文学之路绝非一帆风顺，新旧之间的交锋是不可避免的。五四运动以来，复古主义者向新文学阵营发起进攻，选择的突破口就是新诗。当时南京大学的胡先骕、吴宓、梅光迪等一批留学美国的教授，认为白话新诗仅是白话而非诗，他们以《南京高等师范月刊》为主阵地大量刊登古诗，认为新诗亟待研究的地方颇多，以此对新诗宣战。此时《诗》的出现开宗明义地向社会宣告这是新诗"向人们说话"的阵地，恰恰体现出与复古主义者针锋相对的姿态。

“长恨人心不如水，等闲平地起波澜。”正当朱自清在教育与文学事业中渐渐如鱼得水之时，中国公学却闹起了风潮。旧派教员煽动部分学生驱逐代理校长张东荪和中学部主任舒新城，并攻击叶圣陶、朱自清、刘延陵等中学部八位新教员。由于中国公学教员多为北大学生，于是学校请胡适出面调解。不过在胡适看来，旧派势力将自己拉出来做招牌的做法实在是“大笑话”，他在日记中这样写道：“他们攻击的新的教员如叶圣陶，如朱自清，都是很好的人。这种学校，这种学生，不如解散了为妙！”这时，朱自清向刘延陵提出中学部停课支持大学部的斗争办法，得到了叶圣陶的赞同。但遗憾的是，这次风潮最后还是以新教员们的失败而告终。

深秋，被中国公学解聘的朱自清再次接到浙江第一师范学校的聘书。在从上海到杭州的列车上，他的内心如同暮秋时节的天气，“风澹荡，平原正莽莽，云树苍茫，苍茫；暮到离人心上”[①]，满是萧索苍凉之感。到校后，学校当局听说叶圣

---

①朱自清:《沪杭道上的暮》,《朱自清全集》第五卷59页，南京:江苏教育出版社,1990年。

陶也在上海，便请朱自清代为邀聘，他立即给叶圣陶写信，对方回信说："我们要痛痛快快游西湖，不管这是冬天。" 11 月，叶圣陶如约来到一师，好友的到来令朱自清欣喜非常，而害怕孤独的叶圣陶也正需要这样一位挚友的陪伴。叶圣陶到校时，校方为两人各自准备了一间住房，但是为了可以与好友朝夕相处，叶圣陶将自己那间屋做两人的卧室，将朱自清的那间屋做书室。于是，两人各据一桌，朱自清预备功课，叶圣陶多数时候则在写小说和童话。闲暇时分，他们经常结伴游逛西湖，沉醉于各色美景之中，朱自清不禁感慨道："西湖这地方，春夏秋冬，阴晴雨雪，风晨月夜，各有各的样子，各有各的味儿，取之不竭，受用不穷；加上绵延起伏的群山，错落隐现的胜迹，足够教你流连忘返。"[1] 这一年农历十一月十六日晚，月色甚好，朱自清邀请叶圣陶和另一友人共同泛舟西湖。置身湖光山色之间，叶圣陶触景生情，不禁口占两句诗道："数星灯火认渔村，淡墨轻描远黛痕。"所有人都不大说话，

①朱自清:《燕知草·序》,《俞平伯全集》第 2 卷 123 页，石家庄:花山文艺出版社,1997 年。

只有均匀的桨声。这天又恰好是西方极乐世界教主阿弥陀佛的生日，船夫问他们要不要去净慈寺，那里很热闹。于是他们弃舟登岸来到佛殿，只见大殿之中灯烛辉煌，耳边满是佛婆念经的声音。庄严的乐音在大殿里回响着，他们久久地沉浸在这种静穆之中，直到夜深才荡舟回去。

与好友朝夕相伴、促膝长谈的日子令朱自清心情豁然开朗，而且值得欣慰的是，《诗》也在1922 年 1 月正式出版了。其间得到许多作家的支持，沈雁冰、胡适、周作人、郑振铎、徐玉诺、王统照等都为它写过稿，至 1923 年 5 月停刊，共出版了两卷七期，第一卷五期，第二卷两期，每期六十三页。《诗》最初借“中国新诗社”的名义发行，但其实这一组织并不存在。由于朱自清、叶圣陶、俞平伯和刘廷陵均为文学研究会成员，经过一番商量后，他们决定将《诗》作为文学研究会的定期刊物。从文研会“为人生”的宗旨出发，刊物将关注的目光落到现实生活中，比较广泛地揭露军阀黑暗统治下人民的苦难，抒发知识分子的苦闷。刊物由叶圣陶、刘延陵具体编辑，刘延陵最为热心，花费的心思和工夫也最多。朱自清也花了不少气力，为刊物写有不少诗篇，还常和远在北京的俞平伯通信，讨论新诗创作问题。那时正是小诗创作的萌发时期，因此有许多人对这些流行短诗并不感兴趣。有鉴于此，朱自清写了《短诗与长诗》一文对其原因进行分析。他一针见血地指出，感伤情调和柔靡风格正是很多短诗不能引起读者兴味的罪魁祸首；同时，短诗的大肆泛滥也是令人厌倦的另一重要原因。为改变单调的诗风，朱自清倡导用自然而慎重的态度去写短诗，他希望作者们不要形式地学习外国小诗，要“兼采日本短诗与《飞鸟集》之长，先涵养些新鲜的趣味”[①]。在理论思考之外，朱自清身体力行地践行着自己的主张。他为《诗》写了三首小诗，把其中两首抄寄给俞平伯，以凝练之语道尽内心刹那感兴，言简意深，语短情长。直到三十多年后，俞平伯还对朱自清的小诗赞不绝口：“其时小诗很流行，我的《忆游杂诗》，全袭旧体诗的格调，不值得提起；佩弦的小诗，有如‘风沙卷了，先驱者远了’，语简意长，以少许胜多许。”[②]

①朱自清：《短诗与长诗》，《朱自清全集》第四卷54页，南京：江苏教育出版社，1996年。

②俞平伯：《“五四”忆往——谈〈诗〉杂志》，《旧时月色》76页，北京：北京大学出版社，2013年。

重回一师，校内活跃气氛一如朱自清第一次来执教时那样，红火的学生文学运动使朱自清的生活饶有兴味。浙江一师最早受到新思潮的洗礼，与北京大学南北呼应，许多追求进步的青年都慕名前来求学。1921 年 10 月 10 日，潘漠华、汪静之、赵平复（柔石）、魏金枝、冯雪峰等人联络了二十余位文艺爱好者，一起到西湖的平湖秋月、三潭印月、葛岭抱朴庐等处游览、座谈，宣告了“晨光社”的成立。社名是潘漠华取的，因为汪静之曾写有一首题为《晨光》的诗。晨光社是浙江最早的新文学团体，文学研究会对它十分关注。由于朱自清和叶圣陶的文学威望，以及朱自清原来就是浙一师的“国语研究室”的主任，指导过学生的文艺研究，两人一到一师便被聘为“晨光社”的文学顾问。作为文学研究会的成员，朱自清和叶圣陶对晨光社的扶植自然是不遗余力的，在他们主编的《诗》杂志上，连续刊登了汪静之的诗。在汪静之编成诗集《蕙的风》后，朱自清也乐意为之作序。冯雪峰于 1921 年底写的《小诗》和 1922 年写的《桃树下》，也都发表在《诗》第二期上，这是冯雪峰最早的诗作。1923 年下半年，《晨光》文学周刊作为《浙江日报》副刊之一出版，发表的大都是社员的作品。在“晨光社”每次聚会时，朱自清往往和社员们一起到西湖去活动，或是观摩习作，对社员作品提出意见，进行文学创作方面的辅导，或是讨论国内外文学名著，开阔眼界。对于这种奖掖后学、扶持文学新人的可贵精神，冯雪峰在《悼朱自清先生》中评价说：“对于新文学和青年，他实在是一个可敬佩的、吴晗先生所说的褓母。”①

很快，又是一年岁末到来了。除夕之夜，朱自清和叶圣陶躺在床上兴奋地交谈着，此时电灯已经关闭，只有桌上点着的两支蜡烛。望着摇曳的烛光，朱自清突然心血来潮做成一首小诗，并对叶圣陶轻轻念道：“除夜的两支摇摇的白蜡烛光里，我眼睁睁瞅着，1921年轻轻地踅过去了。”②

冬去春来，朱自清将家眷从扬州接到杭州。这时叶圣陶应蔡元培之聘任北大预科讲师，已离开杭州了。没有多久，朱自清为生计所迫，应允了浙江第六师范校长郑鹤春的聘请，只身到台州

①冯雪峰：《悼朱自清先生》，《朱自清研究资料》238页，北京：北京师范大学出版社，1981年。

②《叶圣陶序跋集》280页，北京：生活·读书·新知三联书店，1983年。

教书，把妻子和儿女留在杭州，再次踏上了奔波辗转的路途。

“我对于台州，永远不能忘记！”山城台州的冷寂给朱自清留下了不可磨灭的深刻印象。到六师的首日，他先乘船后坐轿，充分感受到了天气的薄阴和道路的幽寂。虽然教学大楼破旧不堪，但是置身在广阔的自然天地之间使他忘记了房屋的狭窄。登楼一望，只见远山之上都飘着白云，四面全无人声，亦无人影，天上的鸟也无一只，后山上的松风略略可听，令朱自清仿佛脱却了人间烟火，飘飘欲仙。与自然环境的凄清幽闭不同，六师学生对朱自清慕名已久，对他的到来表现出极大的热情。

然而，朱自清毕竟独自一人漂泊在外，周围又无亲朋好友可诉衷肠，多数时候只能闷在屋子里。这样的生活令朱自清感到孤寂，尤其是到了夜晚，那闪烁不定的灯火就好似妻子明媚的双眸，使他强烈地想念起远在杭州的爱人。离家的孤独加上凄清的环境，都令此时的朱自清心境有些复杂。出乎他的意料，五四疾风骤雨过后，那种呐喊疾呼的畅快淋漓之感渐渐消退，随之而来的是退潮期的沉闷阴郁。各系军阀倾轧的局面没有改变，内忧外患的形势没有扭转，五四女神所带来的“未来”种子并未立即在中国大地上生根发芽。国家尚且如此，个人生活又谈何如意！近两年来的奔波辗转、受挫碰壁加剧了朱自清内心的忧思苦闷，积聚已久的彷徨情绪在他的内心不断膨胀，时刻寻找着发泄的突破口。其实在《转眼》那“理不清的现在，摸不着的将来”的倾诉中，这种痛苦心境便已初露端倪，诗人不禁发问：“这样莽荡荡的世界之中，到底那里是他的路呢！”① 正如鲁迅所说：“对于革命抱着浪漫谛克的幻想的人，一和革命接近，一到革命进行，便容易失望。”② 朱自清的失望很大程度正是源自革命幻想与残酷现实之间的落差，当他发现“我要我所寻的，却寻着我所不要的”③，我们便听到了如此绝望的呼告：

上帝，你拿去我所有的，

①朱自清：《转眼》，《朱自清全集》第五卷 48 页，南京：江苏教育出版社，1990 年。

②鲁迅：《对于左翼作家联盟的意见》，《鲁迅全集》编年版第 6 卷 351 页，北京：人民文学出版社，2014 年。

③朱自清：《自从》，《朱自清全集》第五卷 51 页，南京：江苏教育出版社，1990 年。

赐我些什么呢？
可怜你无力的被创造者，
别玩弄地宠着了；
取回他所仅存的，
兑给他“安息”罢！——
他专等着这个哩。[①]

不过，正如叶圣陶评价挚友的那样，“佩弦并非玩世，是认真处世”的人。虽然迷茫困惑，但朱自清并未在颓废的迷雾中不能自拔。更多时候他试图以一种反思、追问与求索的方式寻找答案，而这恰恰是其对人生认真执着态度的体现。他在给俞平伯的信中说：“日来时时念旧，殊低徊不能自已。明知无聊，但难排遣。‘回想上的惋惜’，正是不能自克的事。因了这惋惜的情怀，引起时日不可留之感。我想将这宗心绪写成一诗，名曰《匆匆》。”[②] 在《匆匆》这首散文诗里，他将青春不再、光阴逝去的惋惜和喟叹巧妙地进

①朱自清：《旅路》，《朱自清全集》第五卷37页，南京：江苏教育出版社，1990年。

②朱自清：《致俞平伯》，《朱自清全集》第十一卷120页，南京：江苏教育出版社，1998年。

行诗意的发问："燕子去了，有再来的时候；杨柳枯了，有再青的时候；桃花谢了，有再开的时候。但是，聪明的，你告诉我，我们的日子为什么一去不复返呢?"[①] 他对自己尽在"徘徊"中转圈子、白白虚掷无数时光的思想状态不满，但又不知如何结束自己思想上的"徘徊"：

> 在逃去如飞的日子里，在千门万户的世界里的我能做些什么呢？只有徘徊罢了，只有匆匆罢了；在八千多日的匆匆里，除徘徊外，又剩些什么呢？过去的日子如轻烟，被微风吹散了，如薄雾，被初阳蒸融了；我留着些什么痕迹呢？我何曾留着像游丝样的痕迹呢？我赤裸裸来到这世界，转眼间也将赤裸裸的回去罢？但不能平的，为什么偏要白白走这一遭啊?[②]

"逝者如斯夫，不舍昼夜。"自己要做些什么才能在这世上不"白白走这一遭"成为朱自清忧思郁

①朱自清:《匆匆》,《朱自清散文》2页,杭州:浙江文艺出版社,2014年。

②朱自清:《匆匆》,《朱自清散文》3页,杭州:浙江文艺出版社,2014年。

结、反复思考的问题。虽然答案尚在现实的迷雾中无法把握，但是他不愿就此消沉，让大好光阴匆匆而过，他要在挣扎中奋力向前，有所作为！

理想破灭白马湖（1922—1925）

刚到台州不久，一师同学便在三四月间来信要求朱自清回去，朱自清当即决定回杭州。一方面固然是因为思家心切，另一方面也是由于他和那边学校尚未完全脱离关系。六师的学生得知消息后极力挽留，面对大家的挽留，朱自清盛情难却，只好答应他们：“暑假后，一定回台州来！”

回到一师后，恰逢“晨光社”的汪静之、潘漠华正在酝酿成立一个新的文学社团。此事与当时在上海棉业银行工作的应修人有关系。应修人是文学爱好者，自 1922 年 1 月开始与汪静之通信交换诗作，切磋诗艺。3 月底，经汪静之介绍，应修人结识了冯雪峰与潘漠华。4 月 1 日，四人漫步白堤，在雷峰塔下吟诗赏稿。此时汪静之的诗集《蕙的风》即将出版，经商量，由应修人将自己和冯雪峰、潘漠华的诗作进行挑选，又在汪静之《蕙的风》底稿里抄出小诗六首，编成诗集，取名《湖畔》。由于出版诗集要有社团名义，于是在应修人的提议下，“湖畔诗社”成立了。《湖畔》共收诗六十一首，于1922年4月出版，是五四诗坛第五本新诗集。《湖畔》诗集一出版，朱自清在饶有兴味地阅读之后写了《读〈湖畔〉诗集》一文，这是当时对《湖畔》进行全面评价的第一篇文章。文中他对“湖畔诗人”的作品做了中肯的评价，并热情地向读者进行推荐。

从台州回到浙江一师，蓬勃的学生活动令朱自清稍感振奋，然而精神上的苦闷依然萦绕在心头。当时，俞平伯任浙江省视学，于同年6月朱自清邀他夜游西湖以舒心遣怀。连续三天，朱自清对俞平伯诉说自己的懊恼和怅惘，与其讨论人生的意义和对生活应有的态度。朱自清觉得自己总感到一种飘飘然的空虚感，这是他不能承受的。他认为这样长久下去不是办法，只有寻求一种“转向”，才能让自己内心平静下来。一个月之后，俞平伯受浙江教育厅委派前往美国考察教育行业，朱自清也偕妻子和儿女回到扬州与家人团聚。归家的喜悦并没有令他全然忘却精神上的苦闷，他极力追寻着能使自己情感平静的所在。情思既涌，心里便想留些痕迹。之前人事繁忙，总难下笔，如今终于有所闲暇，于是朱自清提笔

开始了长诗《毁灭》的创作。但由于家中人多事杂，只写了个开头暑假就结束了。因为之前答应第六师范学校师生要回去，新学期伊始，朱自清便带了妻子和两个孩子乘轮船到台州去。

由于是外地人，朱自清在这里没有什么朋友熟人，台州对于他而言还是那样清冷凄寂。生活于此，朱自清常常感到孤独，但家里四个人厮守着却让他倍感家庭的温暖。台州的冬天，北风怒号，天气寒冷，但在朱自清的感觉中，家里却温暖如春。有一次他上街，回家的时候看到楼下厨房的大方窗开着，武钟谦母子三人并排坐在那里，三张天真的笑脸望着他。朱自清蓦地感到有一股暖流淌过心头："似乎台州空空的，只有我们四人；天地空空的，也只有我们四人。"① 在"空空"的天地中，朱自清放空一切，深思反省。

朱自清的这种苦苦思索并非无病呻吟，而是与大革命退潮时期知识分子的苦闷彷徨心态有关。五四新文化运动统一战线分化，新的革命高潮还没有到来，人们所期冀的光明未来不但没有

---

①朱自清：《冬天》，《朱自清散文》167页，北京：人民文学出版社，2014年。

实现，反而与如今的黑暗现实产生了巨大落差。很多青年对此并没有充分的心理准备，于是，在冰冷残酷的现实面前，他们开始动摇彷徨，甚至走向自暴自弃、颓废堕落的深渊。朱自清回想起5月间曾遇见的一位朋友就是如此。那位朋友主张刹那主义，在他看来无论回想过去还是展望未来都是可笑的，不管法律、道德有何约束，他只追求刹那的享乐。然而朱自清不同意他的主张，认为那只是一种颓废的刹那主义。朱自清也主张刹那主义，但其含义和那位朋友的不同，他认为："每一刹那有每一刹那的意义和价值!"[①] 他深感时日匆匆逝去，过去自己只着眼于缥缈的远处、大处，却忽视了当下的这一刹，这是多么严重的错误！于是他决意今后要从近处、小处着手，踏踏实实做好眼前的每一件事。

与游戏人生相比，朱自清的人生态度无疑是更加严肃认真的。有感于6月间与俞平伯夜游西湖的彻夜交谈，朱自清在1922年11月7日写给俞平伯一封信，明确了今后的生活态度："弟虽

①朱自清:《致俞平伯》,《朱自清全集》第十一卷125页，南京:江苏教育出版社,1998年。

潦倒，但现在态度却颇积极；丢去玄言，专崇实际，这便是我所企图的生活。”[①] “丢去玄言，专崇实际”，这也就是他努力寻求的“转向”。在信中他结合生活实际对自己的刹那主义做了通俗的解释，比如写字要一笔不错，一笔不乱，走路要一步不急，一步不慢，吃饭要一碗不多，一碗不少，总之是要专注地做好每一件事，掌握一种恰当的度。随后，他又在 1923 年 1 月 13 日给俞平伯写信，继续进一步解析自己的刹那主义。这种处世原则的选择与朱自清不偏不倚、中正平和的性情不无关系，他追求内心感情的节制与适中，尝试以温和的方式来化解冲突矛盾，安于自我满足，追求安定和谐。在时代的疾风骤雨中，这种思想后来曾给他带来无穷烦恼，但那种不务空想、不甘沦落的务实精神，却也难能可贵。

朱自清将这种专注眼前的务实精神充分投入到教学与创作之中。除了教书备课，他还要改六师同学们写的文章；同时，浙江一师的同学也不时寄来稿子要他批改。他总是有求必应，认真对

---

①朱自清:《致俞平伯》,《朱自清全集》第十一卷 124 页，南京:江苏教育出版社,1998 年。

待。刚从杭州回到台州时，朱自清曾将未完成的诗作《毁灭》拿给学生看，告诉学生们这首诗创作的初衷源自他在杭州游湖后的感想，当时觉得生命如浮云如轻烟，颇以诱惑的纠缠为苦，欲亟亟求毁灭。然而这首诗只写了两节，很多想法尚没有工夫去写出来。同学们拿来一看，诗歌虽未完成，但悲戚的基调足以拨动读者心弦，大家纷纷表示期待诗作尽早完成。此次重回六师之后，朱自清终于有时间在工作之余继续创作这首长诗。然而岁月变迁，创作的兴致一经中断，便需花费时日重拾思绪，待诗作写定已经是 12 月了。这一天，学生们来到朱自清家，他拿出了已完成的全部诗歌原稿。学生们看到，若把稿纸相连足有两丈长。因功课忙朱自清没有时间抄，于是同学们利用课余时间帮他将稿子誊清。朱自清看后认为这样很浪费版面，将它改为散文形式，寄给《小说月报》。

朱自清给俞平伯信中所说的“丢去玄言，专崇实际”，就是长诗《毁灭》的主旨。该诗共分八节，诗人把对人生的感叉和态度寄寓在“我”的形象之中。第一节说明自己的弱点，就是飘忽在云天之中、沉溺在渊流之间的那种无处不在的

“空虚”感，因此诗人立志要脚踏实地地回归“自己的国土”。中间六节诗人罗列出各种诱惑：有着“雪样的衣裙”“花一般的笑”的姑娘，“互相夸耀着”的“如云的朋友”，“天花乱坠”的“巧妙玄言”，以及象征死神的“黑衣力士”和“白衣的小姑娘”……这些都是种种诱惑和压力的形象化表现，都是阻碍他“专崇实际”的纠缠，因此诗人都要摆脱。最后一节诗人终于决定了自己要走的道路：

> 摆脱掉纠缠，
> 还原了一个平平常常的我！
> 从此我不再仰眼看青天，
> 不再低头看白水，
> 只谨慎着我双双的脚步；
> 我要一步步踏在泥土上，
> 打上深深的脚印！①

虽然诗歌有些颓废气息，但在诗人不懈的呐喊挣扎中依然透露出积极的取向。作为与朱自清

---

①朱自清：《毁灭》，《中国新诗百年大典》第二卷103页，武汉：长江文艺出版社，2013年。

通信讨论过严肃人生问题的朋友，俞平伯可以说十分了解他的创作意图。在读了这首长诗后，俞平伯这样评价道："《毁灭》便是生长。《毁灭》正是一首充满了积极意味的诗。"① 诗集《雪朝》也在 1922 年由上海商务印书馆出版。这是朱自清、俞平伯、周作人、刘延陵、徐玉诺、郭绍虞、叶绍钧、郑振铎八位诗人出版的诗合集，朱自清排在第一集，共十七首。诗集是各位诗人人格或个性的反映，表现出文学研究会诗歌创作"为人生"的基本主张。1923 年 3 月，《毁灭》发表，该诗一经问世，便获得极高的评价。这时，朱自清接受了浙江省立第十中学的聘请，到温州任教了。

3 月正是草长莺飞、万物复苏的时节，朱自清带着妻小来到了景色秀美的十中。这一年，原来的浙江省立第十中学与第十师范学校合并，仍称省立第十中学，分为中学部和师范部。学校研究部部长兼图书馆主任金嵘轩是著名的教育家，早年留学日本，和章太炎、陶成章等革命党人有过交往，有着民主主义思想，朱自清就是由他提

①俞平伯：《读〈毁灭〉》，《朱自清研究资料》198 页，北京：北京师范大学出版社，1981 年。

议聘请来的。虽然到校任教不久，但朱自清做学问的态度深受师生们的敬重，学校特地请他撰写校歌歌词。朱自清对这所环境优美、历史悠久的学校也非常喜爱，稍加思索便将歌词一气呵成：“雁山云影，瓯海潮淙，看钟灵毓秀，桃李葱茏。怀籀亭边勤讲诵，中山精舍坐春风。英奇匡国，作圣启蒙，上下古今一冶，东西学艺攸同。”

遥遥相对的山峦，奔流不息的江水，为刚刚经历了一场精神风波的朱自清提供了一个绝佳的休养之所。而贤惠温婉的武钟谦也给予了丈夫无尽的体贴与爱意。朱自清每次出去上课，她总是送出大门口，深情地目送丈夫离开，直到望不见背影才肯回去。回到家中，她开始操持各种家务，洗衣、烧饭、洒扫除尘、照顾孩子，一刻也不停歇。每当朱自清上课归来推开家门，总会感到无限的舒适与温馨。静谧的环境、和睦的家庭氛围，让朱自清的心情渐渐平定下来，情绪愉悦的时候他不禁吟唱道：“东风里，掠过我脸边，星呀星的细雨，是春天的绒毛呢。”[1]

---

①朱自清：《细雨》，《朱自清全集》第五卷90页，南京：江苏教育出版社，1990年。

此时的朱自清心无旁骛，一心扑在教学上。他的教学任务相当重，不仅在中学部教国文，同时还在师范部讲授公民和科学概论。朱自清秉持着一贯认真的工作作风与严谨的教学态度，不论教材难易深浅，授课以前他总要剖析揣摩，把必须给学生解释的部分标记下来。刚开始，同学们对这个经常提着一个黑皮包的矮胖老师并无好感，因为他不仅对自我要求极为严厉，从不迟到早退，而且对学生也非常严苛，就连课外还另留作业，要求不能误期，不能敷衍。但没过多久，学生们对朱自清的看法就发生了变化。在课堂上，朱自清鼓励学生多读多写白话文，极力向学生传授新知识，播撒新文学的种子。没有课的时候，他就坐在书房里改卷子、写讲义，还细心批改同学们在课外写的大量不成熟的文艺作品。他创造了特别的作文计分法，把学生每篇作文的得分统计到一张表格中，每个学生成绩的进退一目了然，极大地激发了学生们对于写作的兴趣和进取心。亲切负责的态度、循循善诱的方法，使朱自清的课在学生中大受欢迎，中学部和师范部各年级都争着请他上课，朱自清只得奔波于两部之间，尽量满足学生的要求。学生们也常到他家里拜访，向他请教问题，他总是尽其所能地予以解答，直到问题完全解决为止，绝不马虎了事。

繁忙的工作间隙，与新朋旧友的交往游历也激发了朱自清的创作灵感，他迎来了一个散文写作的丰收期。1923 年暑假，朱自清带着怀孕的妻子和孩子们回到扬州探望父母。闲来无事，便与老友俞平伯相约赴南京游览。这时的两个人对现实既有不满，又有期冀，矛盾纠结之中倍感苦闷迷茫，于是他们决定一起去秦淮河划船。秦淮河历来就是文人墨客歌咏凭吊的场所，那旖旎妩媚的风光、蕴含兴亡之感的史迹，更加引起二人的怅惘之感。朱自清回到温州后，两人以“桨声灯影里的秦淮河”为题目，各做散文一篇，将夜泛秦淮的感受尽情抒发。很快，两篇风格不同、各有千秋的动人之作流传开来，成为现代文学史上的一段佳话。在新学校，朱自清还结交了数理、国画教员马孟容和马公愚两兄弟。马家是当地颇有名望的书画世家，马孟容的画作也甚得朱自清喜爱。由于两家离得很近，因此朱自清经常带着妻子儿女到马家赏花品画。一天，马孟容把自己创作的一幅画作送给朱自清，并请他题诗。朱自清欣喜至极，立即将画作拿回家细细品味，并且将感受写成文章。过了几天，他来到马宅，拿出题为“月朦胧、鸟朦胧、帘卷海棠红”的散文，笑着说道：“先生嘱题诗，不敢承命，姑以小文塞责，以文换画吧！”听说朱自清终日忙碌，几乎不曾饱览温州的山水名迹，马公愚便和另外两个朋友陪他一起去温州东南十多公里处的仙岩山游玩。此时恰逢金秋十月，秋高气爽，最宜出游。他们先去了仙岩寺，又来到梅雨亭。马公愚领朱自清攀着乱石，俯着身子穿过一道石穹门，呈现在他们眼前的是一汪清澈碧绿的潭水，那绿色的潭水像一张极大的荷叶铺展着。见此景色，朱自清惊诧之余顿觉神清气爽，他站在水边风趣地对马公愚说：“这潭水太好了！我这几年看过不少好山水，哪儿也没有这潭水绿得这么静，这么有活力。平时见了深潭，总未免有点心悸，偏这个潭越看越爱，掉进去也是痛快的事。”过了一会儿，他又感慨道：“这水是雷潭下来的，那样凶的雷公雷婆，怎么会生出这样温柔文静的女儿？”朱自清打定主意回去后一定要写一篇关于梅雨潭的文章，这就是写于1924年2月间的《绿》。

十中校园氛围民主自由，同事间相处也极为融洽，朱自清在这里度过了一段难忘的时光。然而，经济的窘迫却无时无刻不在困扰着他。朱自清当时每月的薪水是三十多元，那时一元大洋能买一百斤谷子，三十元的月薪已是一笔不小的收入。可是他既要维持妻儿的生活，又要赡养父母，家中负担实在太重。偏偏那时学校经费又很紧张，连教员的薪水都发不出，当月的工资往往不能按时发放，一学期教下来只领到三个多月的工资是司空见惯的事。因此，本可以继续受聘留任的朱自清，为了生计不得不在 1924 年 2 月下旬离开了十中。这一次，他要前往宁波到浙江省立四中去任教。此时家中已经捉襟见肘，为了省去一笔搬家费，朱自清把家属留在温州，只身前往宁波谋生去了。

初到宁波四中，朱自清没有多少朋友，俞平伯、潘漠华的来访都令他喜出望外。好在很快他便与志趣相投的同事夏丏尊有了非常频繁的交往。其实，早在 1921 年两人都在上海中国公学教书时，经刘延陵介绍就已相识。夏丏尊是上虞人，主要在家乡的白马湖春晖中学任教，来四中只是兼职教作文课。当时夏丏尊正苦于春晖中学缺人，一见到朱自清自然十分高兴，当即决定请这位学识丰富的老相识到那里兼课。为了贴补家用，朱自清答应下来。于是，从 1924 年 3 月 2 日开始，朱自清到上虞春晖中学教了一个月的书。不过由于两地奔波，实际上他只在此待了两个星期。虽然兼课时间短暂，但春晖中学对朱自清的到来十分重视，当月《春晖》半月刊就曾在他兼课前登出一则消息："本校本学期添聘的国文教员朱佩弦先生自本月起到校就职。"作为经验丰富的教员，朱自清与夏丏尊对中学教育都极有自己的想法，他们自编教材，鼓励学生成立文学社团、创办文学刊物。为了加强宁波文学研究会成员间的联系，朱自清和夏丏尊等人还筹划成立文学研究会宁波分会，以四中为阵地探讨"文学与人生"等问题，促进了宁波的文学思想解放。

为了传播新文学，来到四中不久，朱自清便与叶圣陶、俞平伯等商议再度合作出版刊物，并很快敲定了相关事宜。根据计划，第一期《我们的七月》由俞平伯担任主编，朱自清等人负责撰稿。朱自清很快就进入了创作状态，继《月朦胧、鸟朦胧、帘卷海棠红》和《绿》之后，他以温州生活为主线，又创作出《白水漈》和《生命的价格——七毛钱》，这四篇作品后来结集为《温州的踪迹》。

不过，醉心于创作的朱自清并没有忘记与自己分居两地的家人，他对此始终深感愧疚："我怀中的人呢？你们总是我的，我却将你们冷冷的丢在那地方，没有依靠的地方！”①。因此，暑假一到，归心似箭的朱自清便马上回到温州。不久，朱自清收到东亚图书馆寄来的两本《我们的七月》杂志，丰子恺是封面设计者，32 开本的杂志如同一本书，装潢精美，别具一格。朱自清在其中刊发的作品最多，他反复翻看，爱不释手。然而，幸福的时光总是短暂的，暑假结束后，朱自清再次告别家人前往宁波。启程之际，十中的老同事都来为他送行。这时十中校长金嵘轩诚恳地邀他明年春天再来十中执教，朱自清爽快地答应了。

可是，被离愁别绪包围着的朱自清怎么也不会想到，没过多长时间他就不得不再次赶回温州。起因是 1924 年 9 月，江、浙、闽一带爆发了军阀大混战，战火随时会蔓延到温州。身在宁波的朱自清是从报纸上得知这一消息的，此时家中也没有书信报平安，因而他心中十分烦躁。恰在此时，朱自清接到夏丏尊来信，要他立即到白马湖春晖中学。朱自清觉得春晖中学这次很可能是

①朱自清：《别后》，《朱自清全集》第五卷 93 页，南京：江苏教育出版社，1990 年。

专门聘请自己。9 月 23 日，朱自清乘车前往白马湖，果然得到校方正式聘用，并确定担任一班国文教师。就在第二天，朱自清终于收到了妻子的来信。他从信中得知，温州局势十分紧张，而妻子的身体又出现不适，要照料一家老小已是十分吃力。读罢信件，朱自清决定请夏丏尊代课，自己下午先回宁波打听消息。

这时的温州已经乱作一团。人们惊恐万分，纷纷扶老携幼，逃到临近偏僻的山中避难。朱自清一家五口，除了老母亲、妻子，还有三个儿女，举目无亲，又身无分文。正当他们一筹莫展的时候，朱自清的好友马公愚伸出援手，邀他们一道去瓯江北岸山里避难。朱老太太和武钟谦匆匆收拾了一下，便跟随马家登上租来的小船，到了一个名为枫林的地方。过了几天，武钟谦听说局势起了变化，温州可能没事了，她怕朱自清回到家中见不到人心中着急，便当即决定回去。马公愚劝阻无效，只好借给她十元大洋，并托付一个佣人护送他们回到温州。这时朱自清尚未回到家中，十中教员怕一家子老幼妇孺住在偏僻的寓所不安全，便把他们接到学校中暂住。25 日晚，朱自清接到温州电报，得知全家住在十中，这才

稍稍放下心来。他立刻从宁波动身赶往温州，不料乘坐的永宁轮至海门时因前方发生战事忽然停止行驶，心急如焚的朱自清只能改道。在步行一百多里后，他搭上一艘船，终于在 9 月 30 日抵达温州与家人平安团聚。想到温州已经不宜久住，朱自清决定带着一家老小迁往白马湖春晖中学。

春晖中学创建于 1922 年 12 月，坐落在美丽的白马湖畔。这里人才荟萃，校长是浙江一师原校长经亨颐。在这位民主教育家的带领下，学校积极推行新学制，采用新教材，整个校园都浸润在五四革新精神中。白马湖虽然只是个乡下小地方，但这里四面环山，优美的湖光山色之间始终氤氲着一种诗意，令人心旷神怡。尤其到了黄昏时分，湖边的山上笼罩着一层青色的薄雾，湖里倒映着参差的模糊的影子。轻风乍起，微波荡漾，这是白马湖一天之中最好的时光。这样的生活，正是朱自清所向往的，他感慨道："说到我自己，却甚喜欢乡村的生活，更喜欢这里的乡村的生活……我爱春晖的闲适。"①

---

①朱自清：《春晖的一月》，《朱自清散文》58 页，北京：人民文学出版社，2014 年。

春晖中学给初来的朱自清留下了极佳的印象。在他眼中，这里不仅山美水美，人也真诚。同事之间十分亲密，无须防备或顾忌些什么，一切事务人们都通力合作。师生之间也不存在隔膜，学生活泼的天性得到充分释放，健康的情趣也在自然陶冶中培养起来。最令朱自清欣喜的是，这里有许多志同道合、富有雅趣的朋友。夏丏尊与刘勋宇相约，按日本房屋设计样式修建了几间瓦屋。这些房子依山傍水，小巧实用，夏丏尊把它们称为“平屋”，隐含平房、平民、平凡、平淡之意。朱自清把家搬到白马湖后，恰与夏丏尊毗邻，他常到隔壁看夏丏尊修枝浇花。朱自清喜欢浅酌两杯，夏丏尊就常邀他在自家的紫薇花旁小饮一番。闲时他还和夏丏尊的女儿满子玩纸牌，或者跟夏丏尊的儿子龙文在教室前的池子里学游泳。当时，丰子恺经夏丏尊介绍到春晖中学教授音乐、美术，同时兼任英文教员。丰子恺多才多艺，善于即兴作画，作品总是充满意境和雅趣。由于喜欢初染鹅黄的嫩柳，他在门前种了一株柳树，并把自己的住所命名为“小杨柳屋”，与夏丏尊的“平屋”相映成趣。朱自清也常到丰子恺的小杨柳屋做客。有一天，丰子恺给朱自清刚满四岁的女儿阿莱画了一幅画，夏丏尊提起笔来在上面题道：“丫头四岁时，子恺写，丏尊题。”朱自清对这幅画爱不释手，后来将其作为了散文集《背影》的插页。应夏丏尊之邀来春晖中学执教的，还有一位英文教师朱光潜，他只比朱自清小一岁。由于朱光潜和朱自清身材相近，性格与情趣亦相似，不少人都以为他们俩是兄弟。朱光潜原先也在中国公学任教，十分敬重朱自清。对于同在春晖中学的那段时光，朱光潜曾经回忆说：“当时佩弦先生正在那里教国文。学校范围不大，大家朝夕相处，宛如一家人。佩弦和丏尊、子恺诸人都爱好文艺，常以所作相传视。我于无形中受了他们的影响，开始学习写作。我的第一篇处女作《无言之美》，就是在丏尊、佩弦两位先生鼓励之下写成的。他们认为我可以作说理文，就劝我走这一条路。”[①] 在朱自清的朋友中，还有教授数学并兼任训育主任的匡互生。匡互生是湖南人，曾参加过辛亥革命，为人热情真挚。五四运动时，他率众人攻进曹宅，点燃了火

①朱光潜:《敬悼朱佩弦先生》,《朱光潜全集》第 9 卷 487 页,合肥:安徽教育出版社,1993 年。

烧赵家楼的第一把火。朱自清对这位英勇的革命家极为钦佩，1933 年匡互生去世时他还写有《哀互生》一文以示哀悼。

虽然朱自清授课任务十分繁重，但他仍坚持因材施教，充分满足学生的求知欲。春晖中学国文教材内容多选自《新青年》《新潮》等杂志，朱自清就从选授这些白话文入手。通常他自己念一遍，或者叫某个学生念给大家听，读至有问题处便停下来给学生们讲解。后来，他认为学生已经能看懂白话文，便开始尝试教授古文。有一次他对学生们说："文言文及旧诗词经过几千年洗炼，很有些好东西。"看到学生们很愿意读些这样的"好东西"，他就选定《虞初新志》和《白香词谱笺》两书，从中挑出一部分进行选读。刚来兼课时，朱自清曾邀请俞平伯到白马湖来玩。在旁听了好友的一堂课之后，俞平伯感到朱自清不仅教学认真，而且作风民主，善于启发学生独立思考，虽然是乡村中学，但这里的课堂气氛相当活跃，甚至比浙江第一师范和上海大学还要胜出一筹。俞平伯感慨地说："固属春晖的学风如此，而老师的教法亦不能无关，我在这儿愧吾友良多，久非一日矣。”[①] 除了教学实践，朱自清在教育理念上也有自己的思考和见解。他十分注重对学生进行全面的人格培养，曾在《中等学校国文教学的几个问题》一文中提出学生学习能否认真用功，关键在于教师。因此，他下决心从自身做起，以严正的态度对学生进行教育。他要求学生做学问要认真，不能有半点马虎。他反对学生写些内容浅薄的作品，主张要在尊重生活和个性的基础上写出有“味”的文章。从自己“尊崇实际”的刹那主义出发，他告诫学生要面向实际，把握住现在。这些真知灼见都对学生有极大的启发。

然而，令朱自清始料未及的是，看似平静的白马湖也未能避免新旧思想的交锋。1924 年底，春晖中学连续发生风潮。一个寒冷的早晨，学生黄源戴了一顶绍兴毡帽上早操，遭到体育教员的训斥，师生间由此起了冲突。匡互生和丰子恺等人支持学生，而一些守旧的教员则乘机攻击思想先进的教员。结果，学校提前放假，并开除二十

①俞平伯:《忆白马湖宁波旧游——朱佩弦兄遗念》,《白马湖散文十三家》201 页,上海:上海文艺出版社,1994 年。

八名学生。这一决定使匡互生与丰子恺等一些教员愤然辞职。二人离开的那一日清晨，雪花纷飞，很多学生前来送别。教员们背着铺盖，打着雨伞，在学生们的痛哭与不舍中离开了这片曾经的乐土。与此同时，夏丏尊、朱光潜等教员也因主张男女合校，与校长意见不合集体辞职。好友纷纷离开，唯有朱自清仍留在春晖，因为他家累太重，又答应了宁波四中要在那里兼课。一时之间，白马湖变得萧瑟冷寂下来，朱自清也不禁愁绪万千。好在不久他的第一个创作集子《踪迹》由上海亚东书局出版了，这多少给他带来一丝安慰。集子封面是由丰子恺设计的，扉页上还印有周作人的诗作《过去的生命》。

1925 年春，匡互生与朱光潜等人在上海创办立达中学（后改为立达学园），随后在 3 月份又成立了立达学会，朱自清是会员之一。“立达”一词源于《论语》中的“己欲立而立人，己欲达而达人”，充分体现出他们立己达人的教育理想。此时其他人也有了各自的去处，丰子恺到上海艺术师范大学任教，夏丏尊先到宁波四中任教，后来也到立达学园教书。虽然不能离开，但朱自清已经对春晖深感失望，离开的心思也愈发强烈。回想

过去五年奔波辗转的教书生涯，他渐渐对这令人生厌的教育界感到心灰意冷。一二月间，他给俞平伯去信，表达自己意欲更换职业的打算："我颇想脱离教育界，在商务觅一事，不知如何？"[①]隔了一个月之后，他又在给俞平伯的信中再次提及这一想法："弟顷颇思入商务，圣陶兄于五六月间试为之。但弟亦未决。弟实觉教育事业，徒受气而不能收实益，故颇倦之。兄谓入商务（若能），适否？"[②]

就在朱自清踌躇之际，震惊中外的"五卅"惨案爆发了！1925年初，上海、青岛的日本纱厂工人因不堪压迫举行大规模罢工斗争，取得了重大胜利。然而随之而来的是日本帝国主义和北洋军阀的残酷镇压。5月14日，上海日本纱厂工人再度罢工。日本资本家开枪残杀内外棉第七厂工人领袖顾正红，同时打伤十余名工人，激起上海工人、学生和市民的强烈愤怒。5月30日，上海学生两千余人在租界内散发传单，发表演说，抗

---

①朱自清：《致俞平伯》，《朱自清全集》第十一卷130页，南京：江苏教育出版社，1998年。

②朱自清：《致俞平伯》，《朱自清全集》第十一卷134页，南京：江苏教育出版社，1998年。

议日本纱厂资本家的暴行。运动当即遭到镇压，一百余人被英国巡捕逮捕。下午近万名群众聚集在巡捕房门口，高呼“打倒帝国主义”等口号，要求释放被捕学生。不料，英国巡捕竟冲人群开枪射击，当场打死十三人，重伤数十人，逮捕一百五十余人，制造了骇人听闻的“五卅”惨案。

很快，这一惊天动地的悲惨消息就传到了白马湖。怒不可遏的朱自清一改往昔细腻抒情的笔触，他以简短的句式、急促的节奏、激烈的呼号将胸中的愤怒之火直接宣泄出来，顷刻间写就了一首如急雨、如战鼓的战斗诗篇《血歌》。在诗的最后，他狂呼“起哟，起哟”，激励人们奋起反抗帝国主义的暴行。过了几天，他又写了一首《给死者》，充分表达出自己乃至全民族对死难烈士的无限哀痛。在时代的疾风骤雨中，寂寞的白马湖此时已经不再是那个让他感到喜悦的和谐园地，教育理想的渐渐破灭让朱自清再次陷入自我反思的苦闷之中：

我现在做着教书匠。我做了五年教书匠了，真个腻得慌！黑板总是那样黑，粉笔总是那样白，我总是那样的我！成天儿浑淘淘的，有时对于自己的活着，也会惊诧。我想

> 我们这条生命原像一湾流水，可以随意变成种种的花样；现在却筑起了堰，截断它的流，使它怎能不变成浑淘淘呢？所以一个人老做一种职业，老只觉着是“一种”职业，那真是一条死路！[①]

朱自清下定决心要从这条“死路”中跳脱出来，他想到商务印书馆去，读自己想读的书，甚至可以不计报酬、不问职位。不过，商务印书馆的工作最终没有联系上，俞平伯转而介绍他到清华大学国文系任教授。暑期过后，他把一家五口留在白马湖，一个人独自北上了。

---

①朱自清:《“海阔天空”与“古今中外”》,《你我》13页,北京:生活·读书·新知三联书店,1984年。

第二章
清华往事知多少

多事之秋几彷徨（1925—1928）

时光荏苒，白驹过隙。在奔波五载之后，朱自清于 1925 年 8 月再度回到阔别已久的北京。由于刚从南方回来无处落脚，便暂住在朝阳门附近一个朋友家中。虽说是重返故地，但清华对于朱自清而言还是过于陌生。从前在北大读书的时候，他总是在城圈儿里待着，四年中虽游过三五回西山，却从未到过清华。因此，“说起清华，只觉得很远很远而已”①。

清华大学因坐落于北京西北郊的清华园而得名，于 1911 年正式开办，初称“清华学堂”，是

①朱自清:《初到清华记》,《朱自清全集》第四卷 387 页,南京:江苏教育出版社,1996 年。

清政府设立的留美预备学校，其任务就是培养留美学生，翌年更名为“清华学校”。1925 年清华进行改革，增设大学部，朱自清就是这时被聘的。那时清华大学的教务长是张仲述，朱自清不认识他，便写了一封信跟对方约定第三天上午前往拜访。但是到了第三天，朱自清出门时已经是 9 点多了，加上路程不近、车子又走得磨磨蹭蹭，真正到达目的地的时候已经临近 12 点了。这次简单交谈后又过了两天，朱自清便带着简单的行李，从朝阳门附近朋友家搬出，住进了清华园古月堂。

在偌大的清华园里，朱自清孤身一人，没有什么朋友，况且此次北上已是时过境迁，心境也与求学时大为不同。在陌生的环境中，总是格外容易怀念过去熟悉的生活，牵挂离别的亲人。一天，朱自清实在百无聊赖，于是决定进城打发时间。他找了一个小饭馆，坐在窗边自斟自饮，望着街上来来往往的行人，不由怀念起在江南的那些日子。情动于中，他立刻从口袋里摸出纸笔，伏在桌上写了一首《我的南方》：“我的南方，那儿是山乡水乡！那儿是醉乡梦乡！五年来的彷徨，羽毛般地飞扬！”①

---

①朱自清：《我的南方》，《朱自清全集》第五卷 102 页，南京：江苏教育出版社，1990 年。

奔波五载，经历种种艰辛，但南方依然是他魂牵梦萦的地方。10 月的一天，朱自清接到父亲从南方寄来的一封信，信中写道："我身体平安，惟膀子疼痛利害，举箸提笔，诸多不便，大约大去之期不远矣。"读罢此信，他不禁泪如泉涌，情不自胜，与父亲已是两年未见了！此刻，朱自清不由得想起与父亲之间的点点滴滴，特别是八年前料理祖母丧事完毕，父子同车北上，在浦口车站分别的情景，时隔多年父亲那身着青布棉袍、黑布马褂的肥胖背影依然清晰地刻印在朱自清的脑海中。强烈的思念之情驱使着他选择以文字来诉说，没有过多华丽的语言，也无须过多的表达技巧，他以最朴实的笔调、最直白的讲述写下了《背影》。行文最后，他深情地呼告道："唉！我不知何时再能与他相见！"①

很快，接连不断的政治风暴将朱自清从个人的伤感情绪中拉回到现实。北方革命群众运动的蓬勃兴起，使段祺瑞政府等反革命势力大为恐慌，继而开始进行疯狂镇压。与此同时，日、英

①朱自清：《背影》，《我是扬州人》22 页，北京：中国工人出版社，2013 年。

帝国主义国家也企图联合干涉中国人民的革命。1926 年 3 月 12 日下午，在冯玉祥的国民军与奉系军阀作战期间，日本军舰掩护奉军军舰驶进天津大沽口，守护炮台的国民军发出警告后，日舰公然开炮轰击，守军死伤十余名。国民军顽强还击，将日本军舰驱逐出大沽口。事后，日本帝国主义不仅不接受国民军的抗议，反而借口《辛丑条约》无理要求国民军撤离。同时，日方还纠合英、美、法等八国公使于 16 日向段祺瑞政府发出最后通牒，提出撤除大沽口国防设施的无理要求，并限定其四十八小时内给出答复。

3 月 18 日，在李大钊的主持下，北京二百多个社会团体约五千余名群众在天安门举行反对八国最后通牒示威大会，号称十万人抗议大会。李大钊是大会主席之一，他在会上发表讲话，号召大家发扬五四精神，以五卅热血为激励，反对军阀卖国行为，大会通过决议后随即开始了示威游行，朱自清也跟在清华学校队伍的最后前往游行地点。然而他没有想到，这一天将是他记忆中最为黑暗的一天！

队伍来到执政府门前空场上，这时府门前站着大约 200 名卫兵，分两边排着，都背着枪。不一会儿，游行队伍忽然散动了，许多人纷纷往外退走，清华学校的领队高呼："清华的同学不要走，没有事！"当清华的指挥第二次叫声刚完，朱自清发现众人纷纷逃避，一个卫队已经装完子弹了！他赶忙向前跑了几步，向一堆人旁边倒下，在慌乱中他跟几个人紧紧挨在一起，蜷曲着无法动弹。就在这时，噼噼啪啪的枪声不停地在朱自清耳边响起，这是他生平第一次听到枪声。震惊中外的"三·一八"惨案开始了。

过了一会儿，鲜红的热血从上面滴到他的手臂和马褂上，朱自清心里立刻明白屠杀正在进行！只听见警笛一鸣，紧接着又是一排枪声，接连放了好几排。好不容易等到枪声稍歇，朱自清跟着众人奔逃出去，这时他身旁的两个同伴又中弹倒下。慌乱之中，他不由自主地跟随着一些人向北躲入马厩里，偃卧在东墙角的马粪堆上。不到两分钟，他忽然看见对面马厩里有一个卫兵手拿着枪，已装好子弹，似乎要向他们开枪。危急时刻，大家立即起来，弯着腰逃了出去。等他们沿着马路逃到东门口时，却发现东门口已经拥塞得几乎水泄不通，而这时枪声仍未停歇。朱自清隐约看见地上蹲着许多蜷缩着的人，大家推推搡

搡，拥挤着挣扎着从这些人身上踏过去。等到朱自清终于从人堆上滚了下来，才真正算是死里逃生。他后来知道那人堆里竟有不少是死尸，心里顿感不寒而栗！

这就是鲁迅所指责的“民国以来最黑暗的一天”。据统计，这一天有四十七人被当场射杀，两百多人受伤。死者中有为人们所熟知的北京女子师范大学学生刘和珍，鲁迅的《记念刘和珍君》便是为此而写。李大钊和陈乔年也负了伤。更令人发指的是，卫兵们不仅用枪柄、大刀、木棍打人砍人，而且还剥去死者的衣服，无论男女，往往剥得只剩一条短裤。在一幕幕惨剧中，最令朱自清感到痛心的是清华学校学生韦杰三的罹难。韦杰三家境并不宽裕，父老弟幼，因家贫弟弟失学，然而这个极有骨气的青年却能“不坠青云之志”，不愿平白接受别人的钱财。他自己的学费，一小半是靠休学做教员赚来的，一大半是靠向人告贷的。朱自清对他很有好感，觉得他很可爱。在这场暗无天日的大屠杀中，韦杰三当场被枪击倒地，同学们冒死将他抬出来。在韦杰三住院后，朱自清本想去协和医院探望，但因晚去了一个钟头被医院挡在门外，失去了与韦杰三见面的最后机会。他没有想到，那个 3 月

18日早上还像往常一样向自己微笑着问好的温雅少年，再次相见已是盖棺入殓的时候了！朱自清痛惜万分，于4月2日写了《哀韦杰三君》一文，以表达自己的无限哀伤。

然而，更令朱自清意想不到的是，段祺瑞政府为了掩饰血腥罪行，在21日《申报》上发表了一个"指令"，直接将矛头指向李大钊等共产党人，说此次惨案系李大钊等"率领暴徒数百人，手持枪棍，闯袭国务院，泼火油，抛炸弹，以手枪木棍袭击军警，各军警因正当防卫，致互有死伤"①，这种歪曲事实的论调立刻激起了朱自清的满腔愤怒。除了一两家报纸，其他各报所登载的情况都与事实极为不符。作为这场大屠杀的亲历者，他不禁发问："这究竟是访闻失实，还是安着别的心眼儿呢？"平素温润儒雅的朱自清此时展现出勇敢的战斗精神。沉思片刻之后，他决定以手中的笔作为抗议武器，把真相以最直接的方式呈现在公众面前，将一切虚伪的谎言彻底揭穿："我只说我当场眼见和后来耳闻的情形，请

①《那些远去的坚实身影——民国著名文人性情档案》222页，哈尔滨：北方文艺出版社，2012年。

大家看看这阴惨惨的二十世纪二十六年三月十八日的中国!”[①] 1926 年 3 月 23 日，一个寒气逼人的夜晚，朱自清被满腔的义愤之火点燃。他提笔在纸上写下“执政府大屠杀记”几个字，略做停顿之后，便激动地写下了这样的开头：“3 月 18 日是一个怎样可怕的日子！我们永远不应该忘记这个日子!”[②] 思路如一泻千里的江水，顺势而行，滔滔不绝。凭着刻印在脑海中永远不会忘却的画面，他细致地描写了当时群众请愿游行的情景，用细节说话，以事实明理，环环相扣，层层递进，有力地批驳了反动当局污蔑人们携带武器闯袭国务院的谎言，对段祺瑞政府屠杀爱国群众的滔天罪行展开了激烈批判。

在直面血雨腥风、痛斥执政府的无耻行径之后，“三·一八”所带来的精神风暴并没有就此平息。它强烈地叩击着朱自清的心弦，使他那本已平静甚至有些沉寂的心灵再次掀起惊涛骇浪。“山河破碎风飘絮，身世浮沉雨打萍。”在这样一

---

①朱自清:《执政府大屠杀记》,《朱自清全集》第四卷 182 页,南京:江苏教育出版社,1996 年。

②朱自清:《执政府大屠杀记》,《朱自清全集》第四卷 182 页,南京:江苏教育出版社,1996 年。

个多事之秋，在寂寥清冷的古月堂里，他时常凭窗眺望，回忆过往种种，陷入沉思之中。我们无法亲身经历那样一个年代，却能从那字字真诚的诗篇中，感受到一个焦灼灵魂所走过的心路历程。在《塑我自己的像》一诗中，他从雕刻自己塑像这一富有象征意味的行为入手，对自己的思想历程展开记录。所谓“塑像”，其实就是理想中的自我形象。从天官像、“将军”的像再到思想者的像，诗人笔下的形象在不停地变换，却始终没有一座能够塑成。诗人懊恼地说：“塑了好些年，怎么也塑不成!”一尊尊塑像的破碎，就是一个个理想的破灭，他无力地挣扎道：“我重复妄想在海天一角里，塑起一座小小的像！这只是一个‘寻路的人’，只想在旧世界里找些新路罢了。”① 可是，已经刀钝力微、胆小手颤的他就连这象征着光明希望的“小小的像”也无法完成。那“寻路人”的像，只是在“云雾中立着”，渺茫、彷徨而惆怅的情绪将诗人紧紧地包围着。在凄风苦雨的黑暗世界中，“新路”到底在何方？这是诗人理想被现实风浪

①朱自清:《塑我自己的像》,《朱自清全集》第五卷 107 页，南京:江苏教育出版社,1990 年。

不断粉碎后的痛苦呼声。

紧接着，他又写了一首长诗《朝鲜的夜哭》，以朝鲜亡国之痛映衬祖国危难飘摇之殇。“大星顿然从日月边没落，天地已成了白发苍苍，皤然二老。我们各有千万种心肠，苍苍莽莽里，向谁祝祷?”① 这样的感慨与困惑，寄寓的何尝不是诗人面对祖国饱受摧残时的无助凄凉？“何处是他们的家乡？何处是他们的家乡！”② 这样的追问与悲叹，诉说的又何尝不是诗人面对家国破碎时的绝望呐喊？朱自清以往的诗作都有一种散文化的风格，但这首诗歌有所不同，其中的节奏感与乐感明显增强。可惜的是，由于认为自己不适合写抒情诗，他没有沿着这条道路对诗歌创作继续探索下去。

1926 年夏天，天气格外炎热。朱自清趁着假期回到白马湖，与家人团聚之余，他打算利用这段闲暇时间写几篇文章。早在几年之前，朱自清曾答应友人白采为他的诗集《羸疾者的爱》写一

①朱自清:《朝鲜的夜哭》,《朱自清全集》第五卷 112 页，南京:江苏教育出版社,1990 年。

②朱自清:《朝鲜的夜哭》,《朱自清全集》第五卷 109 页，南京:江苏教育出版社,1990 年。

篇评论，可是文章迟迟没有动笔，成为朱自清的一桩心事。然而，正当朱自清进入写作状态之际，好友刘薰宇的一封来信却给了他一个晴天霹雳：白采已经在从香港到上海的船上病逝了！想到这位年轻的诗人还没来得及见到自己想看的诗评，朱自清心痛之余颇感歉疚。此时的白马湖酷暑难耐，可是他顾不上自己中暑的身体，怀着对亡友的深切思念抱病完成了那篇迟来的《白采的诗》。8 月下旬，朱自清启程北上，途经上海时与叶圣陶等好友小聚，由此更加深入地了解到白采的情况。鉴于白采曾在 1925 年秋执教于立达学园，诸人决定在立达学园的杂志《一般》上推出“纪念白采栏”。叶圣陶、夏丏尊等人纷纷撰文，朱自清也写了《白采》一文，深情叙述了自己与白采的结交经历。正当朱自清离开上海之际，他接到郑振铎的陪宴请柬。原来鲁迅因接受厦门大学聘请，特从北京南下福建，此时正在上海。为表示欢迎，郑振铎特地设宴招待并请朱自清出席。这是朱自清和鲁迅的第一次见面。

时光飞逝，1927 年 1 月，朱自清在清华已经度过一年多时光。“独在异乡为异客”，身边既无家人亦无朋友的日子总是特别寂寥，经过一番考

虑之后，他决定回到白马湖将家眷接来。作为四个孩子的父亲，朱自清对于子女的爱深沉真挚。但苦于家中经济状况紧张，不能把孩子们都带到北京。于是他和妻子商量，大孩子阿九和小女孩转儿由母亲带回扬州，另外两个孩子阿采和闰生则跟着夫妻二人同回北京。很快，一家老小按此计划动身。途经上海时，全家人在此小做逗留，朱自清也借着在上海的机会，与很多朋友小聚叙旧。临走的那天晚上，老友叶圣陶拉他到小馆子里喝酒聊天。此时的叶圣陶正积极地投入到反帝反军阀的斗争活动中，为了工作，他打破了早上 7 点起床、夜里 9 点就寝的惯例，一边撰稿一边编排，有时奋战一个通宵。二十二天里，叶圣陶以“秉丞”的笔名先后发表九篇文章。这天，为了陪伴老朋友，他将手中的工作暂停。酒后已是半夜十分，趁着月色正浓，他们在街上踱着，正如以前在中国公学共同执教时那样边走边聊。当走过爱多亚路时，叶圣陶随口吟诵道：“酒已都醒，如何消夜永！”离别时刻愈近，不舍之意愈浓，于是两人又拐进一品香消磨了半夜。第二天是朱自清坐船北上的日子，想到要和两个孩子分别，朱自清十分难过。“只为家贫成聚散”，朱自清蓦地想起这一句不知是谁写的诗，心中有点凄然，他回头看了孩子们一眼，终于狠狠心硬着头皮离开了。

家人的到来令朱自清倍感家庭的温馨，往日里的苦闷酸涩之感终于减轻了一些。一家人住在环境幽静的清华西院，安定的生活使朱自清除了教学，终于有时间专心研究旧体诗词。在这一时期他模拟唐五代词及汉魏六朝诗，写了为数不少的诗词，后来他将这些作品结集，取“敝帚自珍”自谦之意，题为《敝帚集》。

时隔一年，“三·一八”惨案带给朱自清的精神伤痛渐渐在家庭与学术的安抚中得到短暂平息。然而，谁也不曾预料，即将到来的另一场血雨腥风又将把他推向惶惑苦闷的境地。

为了配合北伐军的进攻，1926 年 10 月，上海工人发动了第一次武装起义，起义虽以失败告终，但并没有挫败工人群众向反动营垒进攻的积极性。紧接着，1927 年 2 月，上海工人举行了第二次武装起义，他们向军警哨所发动攻击，夺取枪支，展开巷战。终因得不到外援，再次抱憾失败。3 月，上海八十万工人发动罢工，在广大市民的支援下，他们迅速击垮盘踞在上海的直系军阀和奉系军阀，经过三十个小时的浴血奋战后终

于成功占领上海，成立了上海市临时政府。听闻此讯的蒋介石立刻从安徽赶到上海，加紧准备发动反革命政变。1927 年 4 月 12 日，黄浦江畔响起了罪恶的枪声。一夕之间，风云突变！上海总工会被解散，一切革命机关被封闭。三天之间，三百多人被杀，五百多人被捕，五千多人失踪，全国上下被白色恐怖所笼罩。

“日暮倚楼头，暗惊天下秋!”虽在春夏之交，但漫天的血雨腥风却令朱自清仿佛置身在萧瑟寒秋中。“四·一二”的枪声又一次使他感到震惊。近年来他为全家老小的生计日日奔忙，已经有近两三年的时间没看什么新书，与思想界似乎有些隔膜。幸好他很留心报纸，又住在北京，终究不至于成为与世隔绝的人。然而，这样一场历史惨剧仍然给朱自清带来了巨大的焦虑与灼痛。他开始心神不宁，忧思难眠，就这样“一夜夜，一更更，思量梦不成”[1]。在腥风血雨中，革命理想与前景再一次被扼杀。对于前路何去何从，他再一次陷入彷徨之中：“踯躅计征程，嘶

①朱自清:《前人更漏子》,《朱自清全集》第五卷 224 页，南京:江苏教育出版社,1990 年。

骢何处行?”[1] 而在《那里走》一文中，他更是明白了当地写道：“我是要找一条自己好走的路；只想找着‘自己’好走的路罢了。但那里走呢?或者，那里走呢！我所彷徨的便是这个。”[2] 甚至对于是否有路可走，他也持有彻底的怀疑态度：“但像我这样一个人，现在果然有路可走么？果然有选路的自由与从容么？我有时怀疑这个‘有’，于是乎悚然了：那里走呢!”[3] “那里走”三个字之所以令他“悚然”，皆因他一听到便想起古代侠士追逼对手时的一声断喝，目的是告诫对方快快投降或遭擒受死。

被逼迫、被围困的极度迷惘与彷徨盘踞在朱自清的心头，久久挥散不去。其实，自从 1927 年春携带家眷经过上海时，这种阴影便已经在他心头笼罩。从上海动身那日，一个朋友来送行，他们在四马路上走着，从上海谈到了文学。朋友将

---

①朱自清:《和李白〈菩萨蛮〉》,《朱自清全集》第五卷 221 页,南京:江苏教育出版社,1990 年。

②朱自清:《那里走》,《朱自清全集》第四卷 226 页,南京:江苏教育出版社,1996 年。

③朱自清:《那里走》,《朱自清全集》第四卷 227 页,南京:江苏教育出版社,1996 年。

现在的文学大致分为四派：一是反语或冷嘲；二是对乡村生活的描写；三是对性欲的描写；四是所谓的社会文学。他以为这四种都是小资产阶级的文学，随着无产阶级力量的日渐壮大，这种无病呻吟、虚伪廉价的文学必然走向灭亡。于是，他动员同属于小资产阶级的朱自清，为了促进新世界的早日实现，要敢于“促进自己的灭亡”。这实际上是一种推翻自我、否定自我、牺牲自我精神的体现，很长一段时间里朱自清都在反复咀嚼这些话的含义。而回到北京后的一个晚上，朋友栗君的突然来访更使他从阶级政党层面对出路问题进行了一番抉择。那夜月色很好，他们沿着西院附近小塘边一条幽静小路，缓缓地往复走着。栗君是国民党员，他劝朱自清参加他们的工作，范围并不固定，政治、军事自然不必说，甚至学术、文学、艺术等方面也未尝不可。最后他恳切地说：“将来怕离开了党，就不能有生活的发展；就是职业，怕也不容易找着的。”朱自清颇为踌躇，过了一会儿，他委婉地说：“待我和几位熟朋友商量商量。”他清楚地意识到，在这个“一切权力属于党”的时期，不但政治、军事，连生活都要党化。在党的铁律面前，个体是非常渺小的，除遵守与服从外，不能说半个“不”字。而这恰恰是朱自清自身性格与这个时代的矛盾之处：作为一个注重发泄自我蓬勃情感的个体，这样的“浪漫”足以妨碍工作，为党所不能忍！几经考虑，朱自清还是决定不走这条路，于是他找到栗君说“我想还是暂时超然的好”。

不过，这种“超然”仅仅指的是政治身份的非党派状态，而非精神状态的彻底解脱释然。这一年的 7 月，天气很热很闷，朱自清心中也颇不宁静。一天晚上，他在院子里坐着乘凉，这时月亮已渐渐升高，墙外马路上孩子们的欢笑声，已经听不见了，武钟谦在屋里哄着孩子，迷迷糊糊地哼着眠歌。夜是这样的静，朱自清突然记起每天经过的荷塘，他猜想在如此满月的光里，那再熟悉不过的地方也该有另一番景致吧。于是，他悄悄地披了大衫，轻轻地关上门走了出去。沿着荷塘，是一条曲折的煤屑小路。这条路极为幽僻，白天都很少有人，夜晚就更加寂寞了。没有月光的晚上，路上总是阴森森的。不过这天晚上却很好，月光虽然淡淡的，却足以驱走黑暗。朱自清一个人背着手踱着步，充分享受这独处的妙处和无边的荷香月色。他任由思绪飘荡，仿佛到了另一个世界里。此刻，他觉得自己是个自由的人，白天里一定要做的事，一定要说的话，现在都可以不用理会。也不知过了多长时间，当他回到家中轻轻推门进去时，妻子已经进入沉沉的梦乡了。过了几天，他把这一晚在荷塘边的漫游和遐想写成一篇散文，隐约地流露出自己当时复杂微妙的心境，这就是直到今天依然脍炙人口的《荷塘月色》。

天气渐渐转凉了，但是动乱的时局依然令朱自清心绪不宁，他时刻惦念着远在南方的朋友们。9 月的一天，朱自清吃过午饭后觉得百无聊赖，便从书架上抽了一本旧杂志来消遣，无意间发现其中夹了一封信。这封信是三年前写给夏丏尊的，朱自清仔细一想，才发觉已有半年没有接到夏丏尊的来信了。那个曾经爱喝酒、爱骂人却对人无比真诚的朋友如今究竟怎么样了呢？人海茫茫，又该到哪里寻找他呢？朱自清忍不住提笔写道："南方这一年的变动，是人的意想所赶不上的。我起初还知道他的踪迹；这半年是什么也不知道了。他到底是怎样地过着这狂风似的日子呢？我所沉吟的正在此。我说过大海，他正是大海上的一个小浪；我说过森林，他正是森林里的一只小鸟。恕我，恕我，我向那里去找你?”[①] 他把这些文字寄往台州师范学校的刊物《绿丝》，并对编者说：“不知可附载在《绿丝》的末尾，使它和我的旧友见见面么?”在动荡的岁月里，朱自清是多么迫切地希望能听到朋友的消息。

时间的推移并没有让朱自清的迷茫困惑淡去，“那里走”这一问题始终萦绕在他的心头。1928 年过了年之后，乘着假期闲隙，他开始认真思考这个问题。他深刻地感到，自己所存在的小资产阶级是在走向穷途末路，既然这样，为什么要甘心做时代的落伍者，为什么不自己奋起革自己的命呢?“促进自己的灭亡”的声音再次在脑海中回响起来，他审视自己走过的道路，终于发现症结就在自己身上，且看他最深刻最真诚的自我剖析：

> 我解剖自己，看清我是一个不配革命的人！这小半由于我的性格，大半由于我的素养……在性格上，我是一个因循的人，永远只能跟着而不能领着……我在小资产阶级里活了三十年，我的情调，嗜好，思想，论

①朱自清:《一封信》,《朱自清散文》61 页,武汉:长江文艺出版社,2013 年。

> 理，与行为的方式，在在都是小资产阶级的；我彻头彻尾，沦肌浃髓是小资产阶级的。离开了小资产阶级，我没有血与肉。[①]

朱自清以极其严厉的态度进行着自我心灵的拷问。他坦言作为生活在城市里的知识分子，自己无法承受田间地头、工厂车间中的劳作生活，而且想到一大家人还要依靠自己过活，更深感无法丢下他们去做时代的急先锋。此时的朱自清还没有十足的勇气投向无产阶级怀抱，但这并不意味着他选择站在人民大众的对立面，他明确表示："为了自己的阶级，挺身与无产阶级去斗争的事，自然也决不会有的。"[②] 可是，既不能革命，也决不反对革命，那么他又该何去何从呢？他写道：

> 在旧时代正在崩坏，新局面尚未到来的时候，衰颓与骚动使得大家惶惶然……只有参加革命或反革命，才能解决这惶惶然。不能或不愿参加这种实际行动时，便只有暂时

---

①朱自清：《时代与我》，《朱自清全集》第四卷233页，南京：江苏教育出版社，1996年。

②朱自清：《时代与我》，《朱自清全集》第四卷235页，南京：江苏教育出版社，1996年。

逃避的一法。这是要靠了平和的假装，遮掩住那惶惶然，使自己麻醉着忘记了去。享乐是最有效的麻醉剂；学术，文学，艺术，也是足以消灭精力的场所。所以那些没法奈何的人，我想都将向这三条路里躲了进去。①

原本学习哲学的朱自清因为对文学的浓厚兴趣，转而走上了文学道路。如今，他感到国学比文学更远离现实，是个更安全的政治风暴逃避所。于是，他断然选择了国学这条学术之路。然而，朱自清明白，这条路只不过是消磨一生的死路，但他眼下别无他途。作为一个执着于生活、追求进步的知识分子，面对危局他无法做到无动于衷。于是，在投身国学的同时，朱自清决定不能完全放弃写作。

1928 年 10 月，朱自清的第一本散文集《背影》由上海开明书店出版了。里面共收录散文十五篇，都是朱自清真切的见闻和独到的感受，文笔平淡朴素而又清新雅致。但是在序言里，他仍然十分谦虚地写道："我是大时代中一名小卒，是个平凡不过的人。才力的单薄是不用说的，所以一向写不

① 朱自清：《我们的路》，《朱自清全集》第四卷 236 页，南京：江苏教育出版社，1996 年。

出什么好东西。”① 开明书店将集子寄到朱自清的老家扬州，他的三弟朱国华看到后喜出望外，立即拿到父亲卧室让老人家先睹为快。“腹有诗书气自华”，朱自清终于没有辜负父亲对自己的殷切期望。

《背影》是朱自清的代表作，在文坛上引起了强烈的反响，令他收获了无数褒奖。郁达夫赞赏备至地说：“朱自清虽则是一个诗人，可是他的散文，仍能够满贮着那一种诗意，文学研究会的散文作家中，除冰心女士外，文字之美，要算他了。”②

斯人已逝不可追（1929—1932）

“他的散文，在新文学运动初期，便已在领导着文坛。”③ 这是小说家杨振声在《朱自清先生与现代散文》一文中对朱自清散文创作的高度评价。如此斐然的文学成就得益于朱自清认真的创作态度。一直以来，他都十分强调对客观事物进

①朱自清：《〈背影〈序〉》，《朱自清序跋书评集》6 页，北京：生活·读书·新知三联书店，1983 年。

②郁达夫：《〈中国新文学大系·散文二集〉导言》，《中国新文学大系导论集》189 页，长沙：岳麓书社，2011 年。

③杨振声：《朱自清先生与现代散文》，《朱自清研究资料》8 页，北京：北京师范大学出版社，1981 年。

行仔细的观察、深入的体味。在《背影》一文中，朱自清以平实朴素的笔法充分体现出他对现实主义法则的遵循。

其实不唯独《背影》一文，他对所有的描写都极尽所能地认真观察，甚至到了锱铢必较的程度。《荷塘月色》发表之后，有个姓陈的读者给他写了一封信，说“蝉子夜晚是不叫的”。原因是文章中有这样几句话：“树缝里也漏着一两点路灯光，没精打采的，是渴睡人的眼。这时候最热闹的，要数树上的蝉声与水里的蛙声；但热闹的是它们的，我什么也没有。”① 信件引起了朱自清的重视，他问了好些人，结果大家都说蝉在夜晚是不叫的。为此，他又特意写信请教昆虫学家刘崇乐。过了几天，对方抄了一段记录月夜蝉声的文字给他，并说：“好容易找到这一段儿！”这段文字的作者说平常夜晚蝉是不叫的，但某一个月夜却听见它们在叫。朱自清认为既然是好容易才找到那么一段儿，而且以一般人的常识看来蝉在夜晚也是不叫的，那么这段记录就可能是一次

①朱自清：《荷塘月色》，《我是扬州人》120页，北京：中国工人出版社，2013年。

例外。因此，他写信给陈先生表示感谢，并说等《荷塘月色》再版的时候要删掉有关月夜蝉声的句子。可是到了后来，他留心观察，竟然有两回的的确确亲耳听到了月夜蝉声。由此，他感到观察事物之所以艰难，原因就在于人们往往以常有的经验进行想当然的概括和推论。

朱自清这种极为严谨的创作态度使他的散文创作具有缜密细腻的风格。同时，作为一个认真为文的创作者，他对剪裁技巧、语言艺术也十分看重。文字优美却无矫饰扭捏之态，情感含蓄却无乏味沉闷之感；情景一体，物我交融，以肺腑之声直叩读者心灵。朱自清的文章历来以情动人，《背影》在这一方面恰恰为现代白话散文树立了一个标杆，因此，这篇经典之作不仅获得了良好的社会效应，而且在文艺界也有极大的影响。正如李广田所说：“《背影》一篇，论行数不满五十行，论字数不过千五百言，它之所以能够历久传诵而有感人至深的力量者，当然并不是凭藉了什么宏伟的结构和华赡的文字，而只是凭了它的老实，凭了其中所表达的真情。这种表面上看起来简单朴素，而实际上却能发生极大的感动力的文章，最可以作为朱先生的代表作品，因为这样的作品，也正好代表了作者之为人。由于这篇短文被选为中学国文教材，在中学生心目中，朱自清三个字已经和《背影》成为不可分的一体。”① 正所谓“文如其人”，朱自清笔下那些平淡朴实、洗尽铅华却情深意切的文字正与他本人踏实沉稳、含蓄内敛的气质相吻合。无论为文还是为人，他都是那样认真务实、勤勤恳恳。

1928 年 8 月 17 日，南京政府决议改清华学校为国立清华大学。4 月，物理系首席教授梅贻琦被荐为改制后的首任教务长，8 月下旬罗家伦受命接任校长。此时，担任清华大学文学院院长兼中国文学系主任的是朱自清的大学同学杨振声。杨振声对朱自清的学问和为人都非常器重：“你同他谈话处事或读他的文章，印象都是那末诚恳、谦虚、温厚、朴素而并不缺乏风趣。对人对事对文章，他一切处理的那末公允，妥当，恰到好处。他文如其人，风华是从朴素出来，幽默是从忠厚出来，腴厚是从平淡出来。”② 因此，很

①李广田：《最完整的人格——纪念朱自清先生》，《李广田文集》第 3 卷 503 页，济南：山东文艺出版社，1984 年。

②杨振声：《朱自清先生与现代散文》，《朱自清研究资料》10 页，北京：北京师范大学出版社，1981 年。

多时候对于系里的一切计划杨振声都习惯和朱自清商定。在中西碰撞、古今交替的变革时期，中文系的课程设置与研究思路该何去何从？对此，许多教师与学生都莫衷一是。考虑到新文学与古代文学的承接以及中国文学与外国文学的交流，杨振声和朱自清商量决定：“我们课程的组织，一方面注重研究我们的旧文学，一方面更参考外国的现代文学。”[1] 由此，注重新旧文学、中外文化间融会贯通的国文学系教学方针便确定了。

“绝知此事要躬行”，如何从教学方针转向教学实践并取得显著的成果是朱自清必须要考虑的问题。为了践行融会贯通的主导思想，朱自清带头实践，打破旧有课程设置格局，一年内开设了“歌谣”与“中国新文学研究”两门新课，使民间文学和五四以来文学成为独立学科。“歌谣”这种鲜活的民间艺术形式引起了学生的浓厚兴趣，为比较保守沉闷的文学系课程注入了一股活力，使课程内容十分丰富，呈现出深厚的历史感。“中国新文学研究”则显得颇具时代性与现实感，这门课既是对五

---

①杨振声：《为追悼朱自清先生讲到中国文学系》，《文学杂志》第3卷第5期。

四以来新文学历史的总结，又是对当代文学创作的评价。作为同代作家，朱自清要对各家创作风格进行教学研究并非易事，若要做到“不畏浮云遮望眼”，必须秉持中正公允的姿态。平日里朱自清就不轻易臧否褒贬他人，涉及研究教学他的态度就更严肃了。他极其尊重别人的看法，很少发表自己的意见。对此，他的学生吴组缃回忆说：

给我印象较深的是“新文学研究”。发的讲义有大纲，有参考书目，厚厚的一大叠。我们每星期得交一次读书报告。这种报告上若有什么可取的意见，发还的时候，他就告诉你说：“你这段话，我摘抄了下来，请你允许我。”他讲得也真卖劲。我现在想到朱先生讲书，就看见他一手拿着讲稿，一手拿着块叠起的白手帕，一面讲，一面看讲稿，一面用手帕擦鼻子上的汗珠。他的神色总是不很镇定，面上总是泛着红。他讲的大多援引别人的意见，或是详细的叙述一个新作家的思想与风格。他极少说他自己的意见；偶尔说及，也是嗫嗫嚅嚅的，显得要再三斟酌词句，唯恐说溜了一个字。但说不上几句，他就好像觉得已经越出了范围，极不妥当，赶快打住。于是连连用他

那叠起的白手帕抹汗珠。[1]

虽然显得过于小心翼翼，甚至有些拘谨，但是在发现新人新作方面，朱自清又表现出难得的开放包容、与时俱进。张天翼的《鬼土日记》和臧克家的《烙印》一经出版，他立刻就在课堂上讲解开了。讲到张天翼时他介绍说："这是位很受人注意的新作家，听说是浙江人，住在杭州。"谁知课后朱自清发现讲解有误，于是第二次上课时他立即声明更正道："请原谅我，我上次说张天翼是浙江人，恐怕错了。有人说他是江苏人。还弄不清楚，你们暂时空着罢。"后来他的学生吴组缃到南京恰好认识了张天翼，得知他原籍湖南，父母住在浙江，姐姐嫁到江苏。于是吴组缃赶紧写信告诉朱自清，朱自清回信表示感谢。

无论是课上讲解知识，还是课后批改作业，朱自清都表现出高度认真负责的态度。有一次，针对作业是否应当进行仔细批改的问题他同俞平伯展开讨论。俞平伯不赞成改得太多，理由是学生往往只注意到分数多少，从来不仔细看老师的修改和评

---

①吴组缃:《敬悼佩弦先生》,《朱自清研究资料》274 页，北京:北京师范大学出版社,1981 年。

语。朱自清却反对这种看法，他说："我有一个学生，已经十多年不见了，忽然有一天他来看我，他说：'老师，我给你带来了一份礼物，您猜猜是什么？'我回答他：'你不要买礼物，太破费了，我心里不安。''我知道老师一定猜不着的，哪，您看，'说着，他从皮包里，拿出一本厚厚的作文簿来，这是我在中学教书的时候替他改的，如今他已由大学毕业，也在教中学了，真想不到我改的作文，他视若珍宝地保存得好好的。""那只是千万个学生里面的一个特殊例子。"俞平伯反驳他，"据我知道的是大多数学生，都是不把老师辛辛苦苦改的文章当作一回事的，不信，我来给你看一件事实。"俞平伯立刻掏出钱来，请人到巷口买包花生米，想不到那包花生米的纸，正是一篇作文。俞平伯笑着说："大多数的作文，都是拿来包花生米的，所以我主张，不要改得太详细了。""不！这现象，也不过是千万人中的一个特殊例子罢了。"朱自清不服气，他仿照俞平伯的口气反驳道："大多数的学生还是欢迎多改的；不管怎样，各凭良心，我是始终主张要详细地严格地修改的。"[1] 争论过后，朱自清还

①谢冰莹：《朱自清》，《谢冰莹文集》中册 139 页，合肥：安徽文艺出版社，1999 年。

是坚持一丝不苟地为班上学生改作业，甚至连一个标点符号都不放过。

在朱自清的课堂上，学生们对于鲁迅、茅盾、郭沫若、胡适、冰心、叶圣陶、郁达夫、巴金等人的作品并不陌生，但是，对于自己的创作他却从来没有提及。很快，同学们发现了这一点。有一天，学生们提了出来，朱自清脸红耳赤，非常慌张并且很不好意思。半晌，他才镇静下来说：“这恐怕很不重要，我们没有时间来讲，而且也很难讲。”谁知同学们不肯罢休，坚持要他讲。他看推辞不掉，就想了想，十分严肃地说：“我写的都是些个人的情绪，大半是的。早年的作品，又多是无愁之愁；没有愁，偏要愁，那是活该。就让他自个儿愁去罢。”

上课和写作之余，朱自清常在清华园里散步赏花。他最喜欢西府的海棠，那花絮清淡之中透着一种媚而不妖的韵味，有时候俞平伯来了，两人就在花下漫步畅谈。朱自清偶尔也会到城里去，如带着妻子和孩子们去万生园赏玩。然而天有不测风云，本该尽享天伦之乐的一家人无论如何也想不到，一场不幸即将降临。武钟谦本就患有肺病，七八年间又生养了四个孩子，白天照料家庭，夜晚又要牺牲休息时间照看孩子，这样日复一复的操劳渐渐地将她的身子拖垮了。1928 年 1 月 11 日，五女儿出生，这时的武钟谦已无力独自照看孩子，家里便雇了个老妈子专管孩子。但是作为母亲她一刻也不曾掉以轻心，夜里一听见哭声，她就竖起耳朵听，时间一长就得过去看。年底，武钟谦又生了一个男孩，孩子生来体弱多病，在他出生几个月后武钟谦的肺病也严重起来。朱自清劝她少亲近孩子，只监督老妈子照看即可。但她总是忍不住，一会儿搂，一会儿抱。到了夏天孩子病更多了，身体虚弱的武钟谦丝毫顾不得自己，整天为儿子的汤药冷暖操劳，连觉都没有好好睡过。看孩子健康一点，她蜡黄的脸上就会露出干枯的笑容，每每这时，朱自清总禁不住暗中叹气。她对孩子不分男女大小，也不会想到什么“养儿防老，积谷防饥”，都是一样拼命疼爱。尤其是分别近三年未能团聚的迈儿和转儿，更是让她惦记苦了。

短短十二载婚姻生活，有十一年时光武钟谦是耗费在孩子身上的。但是她从未厌倦，一直到自己生命的终点。那段日子，她天天发烧，却自以为是从南方带来的疟疾，一直瞒着丈夫。本来正躺着

休息，一听见他的脚步声，便一骨碌坐起来。朱自清渐渐觉得奇怪，立刻陪她到医院检查，这一检查才发现肺已烂了一个大窟窿！大夫劝她到西山静养，她丢不下孩子，又怕花钱；劝她在家里休养，却又丢不下家务。10 月间，眼看妻子身体每况愈下，朱自清决定送她和孩子们一起回扬州养病。想到回家可以看到迈儿和转儿，在生死边缘挣扎的武钟谦这才同意。分别那日，朱自清送她到车站时，她忍不住哭了，说："还不知道能不能再见？"朱自清预感到此去凶多吉少，但心里多么盼望着妻子能养好病再回到自己身边啊！然而，天终不遂人愿，经此一别，竟是天人永隔。1929 年 11 月 26 日，分别后尚不满一个月，年仅三十一岁的武钟谦便抛下丈夫和六个孩子撒手人寰了。

相濡以沫多年的妻子突然离世，令朱自清悲痛不已。从物质到精神，他的生活都发生了巨大变化。家中事务再无人辛勤操持，朱自清就连饭食也无法自理，此时多亏好友俞平伯雪中送炭，一日三餐均为好友特地送来。过意不去的朱自清要支付伙食费，俞平伯坚持不收，两人互不让步。最后，俞平伯只好每月收取十五元搭伙费，却暗中又把钱全部用于朱自清自己的那份伙食，因此朱自清感到俞家送来的饭菜总是特别丰盛可口。直到多年以后，朱自清才知道这个秘密。

1930 年清明节后一天，是武钟谦的生辰。那天傍晚，朱自清在西郊看到众多来此春游的车马，他不禁想起去年和亡妻共游万生园的情景，顿时百感交集，落寞的朱自清只能以诗歌来抒发心中的哀情：

名园去岁共春游，儿女酣嬉兴不休。
饲象弄猴劳往复，寻芳选胜与勾留。
今年身已成孤客，千里魂应忆旧俦。
三尺新坟何处是？西郊车马似川流。
世事纷拿新旧历，兹辰设帨忆年年。
浮生卅载忧销骨，幽室千秋梦化烟。
松槚春阴风里重，狐狸日暮陇头眠。
遥怜一昨清明节，稚子随人展墓田。①

结发妻子去世后的第三个年头，朱自清这种思念之情依然十分强烈。在《给亡妇》一文的开头，朱自清便这样情深意切地写道：“谦，日子

①《朱自清全集》第五卷 194 页，南京：江苏教育出版社，1990 年。

真快，一眨眼你已经死了三个年头了。这三年里世事不知变化了多少回，但你未必注意这些个，我知道。你第一惦记的是你几个孩子，第二便轮着我。”① “十年生死两茫茫，不思量，自难忘。”过去那些温馨甜蜜的岁月恍如昨日，深深刻印在朱自清的脑海中。斯人已去不可追，但是亡妻那一颦一笑、一言一行时隔多年仍然历历在目。通过对一件件往事、一个个细节的生动再现，朱自清深情地回忆起亡妻对自己和孩子的诸般柔情，她是那样贤惠善良、吃苦耐劳、温顺克己，在她身上充分展现出传统女性的美德。他沉痛地写道：“我也只信得过你一个人，有些话我只和你一个人说，因为世界上只你一个人真关心我，真同情我。你不但为我吃苦，更为我分苦；我之有我现在的精神，大半是你给我培养着的。”② 文章在《东方杂志》发表后，立即受到广大读者的喜爱，被誉为“至情人”写的“至文”。以平实朴素的笔触倾诉深沉动人的情感正是朱自清所擅长

---

①朱自清：《给亡妇》，《朱自清散文》157 页，北京：人民文学出版社，2014 年。

②朱自清：《给亡妇》，《朱自清散文》160 页，北京：人民文学出版社，2014 年。

的，其间所流露出的深切悼念以及悔恨痛惜之情如涓涓细流，不动声色便缓缓浸润读者心田。字字含泪，句句深情，令人不忍卒读。因此，一位女教师每次给学生讲这篇文字，最后总能听到学生发出一片感动的唏嘘声，甚至有不少女孩子已经偷偷把眼睛揉得通红了。

在妻子去世后的一段时间里，朱自清的心绪被对亡妻、子女以及南方诸友的思念填充。除了悼亡之作，他还写下《忆诸儿》《怀南中诸旧游》等篇什。1930 年 8 月，杨振声到青岛大学任校长，校方便请朱自清代理中国文学系主任一职。故人已逝，但是日子还要继续下去。这时，一些关心朱自清的朋友也开始为他物色续弦人选，然而朱自清是个不愿别人为自己付出太多的人，好友为他说一次他就谢绝一次。但是即便如此，朋友们对于朱自清的婚姻问题依然甚为关注。

1931 年 4 月的一天，浦熙元与清华大学教授叶公超联名邀他去城南陶然亭酒楼小酌。与浦熙元同来的还有几个女学生，其中一个名叫陈竹隐。原来，这就是好友为朱自清选定的对象。陈竹隐十六岁时父母相继去世，家道衰落，生活清苦，从四川省立第一师范学校毕业后又考入北平

艺术学院。她爱好广泛，曾受教于齐白石、肖子泉、寿石公等人学习工笔画，又师从浦熙元学习昆曲。浦熙元看她已到婚嫁年龄，在北京又举目无亲，便开始替她热心张罗。一次，他与清华大学教授叶公超谈及此事，都觉得朱自清算是一个合适人选，于是才有了朱、陈二人的这次见面。朱自清当天身穿了一件米黄色的绸大褂，白净的脸上戴着一副眼镜，显得颇为秀气文雅，脚上却穿着一双老式的“双梁鞋”，显得有些土气。两人便这样见面了，但席间很少说话。饭局散后，陈竹隐回到宿舍，同去的同学笑着说：“哎呀，穿一双‘双梁鞋’，土气得很，要我才不要呢!”对此，陈竹隐却不以为然，对于择偶，她有自己的独立思考和判断标准。曾经有一个家中很有钱的人对陈竹隐展开追求，但因气味不投遭到了她的坚决拒绝。陈竹隐不仰慕俊美的外表、华丽的服饰，更不追求金钱及生活的享受，她要找一个朴实、正派、可靠的人。在陈竹隐看来，朱自清正是这样的人。尤其是朱自清的才华，更是捕获了她的芳心：“佩弦是个做学问的人，他写的文章我读过一些，我很喜欢。他的诗歌与散文所表现的深沉细腻的感情，所描绘的一幅幅恬静、色彩柔和的画面，以及那甜美的语言，都使我很受感动，我很敬佩他。”①

而朱自清需要的也正是这样一个善解人意、思想独立的伴侣。这次见面之后，两人开始鱼雁传书，朱自清热烈地表达对陈竹隐的爱意：“一见你眼睛便清明起来。我更喜欢看你那晕红的双脸，黄昏时的霞彩似的。谢谢你给我力量!”② 当时陈竹隐住在中南海，朱自清常常进城去看她。他们有时漫步在波光潋滟的中南海边，有时清晨去钓鱼。一次陈竹隐居然钓到了一条半尺长的鱼，于是便请朱自清喝鱼汤。在交往中，陈竹隐深感朱自清话虽不多，但无论做事还是为人，均认真对待，诚恳朴实，他发自内心的关怀与体贴令陈竹隐感到心动。朱自清常常把自己写的文章读给陈竹隐听，有时为了一个字去仔细推敲并征求心上人的意见。其实，当陈竹隐得知年纪轻轻就要成为六个孩子的母亲时，也曾有过矛盾与挣扎。但是想到六个孩子失去母爱的可怜与不幸，

---

①陈竹隐：《追忆朱自清》，《中华文史资料文库》第 15 卷 54 页，北京：中国文史出版社，1996 年。

②朱自清：《致陈竹隐》，《朱自清全集》第十一卷 40 页，南京：江苏教育出版社，1998 年。

想到与朱自清在一起的幸福甜蜜，最终她突破了心理障碍，在六七月间与朱自清订婚了。订婚之后的二人感情日益深厚，朱自清在情书中亲昵地称呼陈竹隐为“亲爱的宝妹妹”。

这一年，朱自清不仅收获了甜蜜的爱情，在事业上也是顺风顺水。热恋中的他如愿以偿地获得了公费出国的机会。8 月 22 日，朱自清从北平启程前往欧洲，亲朋好友十余人来车站送行，临行前大家合影留念。随着低沉的汽笛声鸣响，列车缓缓开动了。24 日早上，朱自清到达哈尔滨，住在哈尔滨的道里。在他看来，这里根本没有一点中国味儿，街上满眼都是俄国人，中国人也大都会说俄国话，连店铺招牌也都是俄文的译音。人们的生活比北平还要闲散，大商店上午 9 时开到 12 时，1 时到 3 时休息；3 时再开，5 时便关门了。更令人惊讶的是，这里竟然没有一个像样的书店，文化氛围并不浓厚。当天，他还游逛了“特市公园”，觉得最有趣的是入口处两只蹲伏的草狮子，满身碧油油的嫩草，比常见的狮子大一些，神气极了。

到满洲里，傍晚日落时分，明霞如海，景物之佳，为朱自清以前从来没有见过的。晚过黑龙江，2时许抵达赤塔。展现在他眼前的，是西伯利亚的茫茫平原，沿路没有童山，千里黛绿，到处点缀着木屋，在牛毛细雨中有一种特别的韵致。28日晚7时许，经过举世闻名的贝尔加湖。朱自清想到了当年苏武牧羊的地方，在朱自清的想象中那是一个美丽而荒凉的世界。可是，在黯淡的暮色中，他只看到渺渺一片无穷的白水，十分平静寂寥，没有一个帆影，也没有一只鸟影。他坐在窗前足足有两个钟头，贝尔加湖的水还在窗外流淌着。在车上，朱自清悠闲地抽着香烟，品着香茗，细细地观赏着外面绵延不断的青山和悠然流淌的绿水，经常把它和中国的山水意境相比评。他发现在欧亚两洲交界处的有些地方，近乎中国的山水诗或山水画。河中一条狭长的小舟，一个人缓缓地划着，那船和人都是灰镑镑的，暗淡的，这岂不简直就是一幅中国画？9月2日晚间终于到达了莫斯科，朱自清一心想看看这个著名的赤都，谁知下车一看，眼前只是一片漆黑，只得怅怅上车。列车继续向西飞驰，3日过波兰越莱茵河，4日经柏林，5日抵达巴黎，8日下午抵达伦敦，而后其连日忙于联系大学，寻找住所，购买衣物，并和友人游览了当地有名的景点。

就在朱自清漫游英伦的时刻，祖国河山正遭到外敌铁骑的蹂躏。日本帝国主义早有侵吞中国富饶东北的野心，不断故意制造事端。朱自清在《泰晤士报》上得知“九一八”事变消息，心中非常焦急，但报国有心，救国无方，徒唤奈何，在给陈竹隐的信中写道：“阅报知东省事日愈。在外国时时想到国家事，但有什么法子呢?”朱自清决心充分利用时间，定下了自己的进修大学以及科目，对自己每天的活动都做了充实的安排，还定下了每阶段的读书计划，涉及面极广，包括圣经、欧洲文学历史、神话故事、著名作家作品，还有音乐和艺术。他决定要在这次欧游中充实自己。

10 月 10 日上午，在查林路散步时，朱自清偶然遇到了清华大学学生柳无忌。他乡遇故知，朱自清心中十分高兴，两人没有客气寒暄，直言互说自己到伦敦的经过。从此，两人交往甚密，经常结伴游逛。为了可以彼此照应，朱自清和柳无忌决定同住。柳无忌在伦敦西北部芬乞来路找到一个大房子，朱自清特地去访问了这户人家，女房东歇卜士太太是个与人为善的妇人，对每件

事情都很用心，而且这里的伙食比之前住处要好。朱自清非常满意，于是决定搬去。房东歇卜士太太虽然并不怎样喜欢中国，可教养很好，爱说话，也会说话，为人乐观，是个道地的贤妻良母。其女儿大约有二十四五岁了，高个儿，蟹壳脸，露牙齿，脸上倒是和和气气的，主客相处颇为融洽，直到 1932 年 2 月 10 日他才搬到金树公寓去。芬乞来路是伦敦北部的一条交通大道，公共车站离歇卜士太太的家很近，每天清晨，朱自清和柳无忌同坐公共汽车进城，到不列颠博物馆附近，两人分手各奔目的地。

在雾都伦敦，朱自清大部分时间都在游览。有时候，他和柳无忌结伴到汉普斯特德旷野散步，那里灌木丛生，漫无边际，一望无涯，别有风味，他们有时也在公园里划船。朱自清还拜访了许多名人如约翰生、济慈、加莱尔、狄更斯的故居，收获颇丰。他和友人经常光顾旧书铺，最感兴趣的是在大不列颠博物馆附近的小街上的一家诗铺。诗铺设在一座建筑物的地下室里，不大显眼，要花很多时间才能找到，铺子是诗人赫洛德孟罗于 1912 年创办的，用意在于让诗与社会发生切实的关系。在那里，朱自清选购了好些诗集和杂志。

朱自清在英国伦敦的文化生活相当充实，常去听音乐，看芭蕾，学跳舞，参观画展和各种博览会，但他仍时刻挂念着国内时局的发展。29日，他从收音机中听到“一·二八”事件更是忧心如焚，他在《日记》中写道：“无线电广播说日本人占领了上海，商务印书馆和北火车站被炸成一片火海。这真是人类文化的浩劫。我担心东方图书馆是否还幸存着！”①

大约在3月间，朱自清在伦敦街头遇到好友朱光潜。朱光潜把《谈美》和《文艺心理学》两部书稿交给朱自清，请他批评指正。朱光潜很钦佩朱自清的学问和为人：“我对于佩弦先生始终当作一个良师益友信赖。这不是偶然底。在我的学文艺的朋友中，他是和我相知最深的一位，我的研究范围和他的也很相近，而且他是那样可信赖的朋友，请他看稿子他必仔细看，请他批评他必切切实实地批评。”② 八年前，朱自清看过朱光潜的论文《无言之美》，很喜欢他说理透彻的风

①《朱自清全集》第九卷108页，南京：江苏教育出版社，1998年。

②朱光潜：《敬悼朱佩弦先生》，《文学杂志》第三卷第五期，1948年10月。

格，现在仔细读了朱光潜的新作后，深感他的学识更渊博了。4 月 5 日，朱自清为《文艺心理学》和《谈美》两书各写了一篇序言。虽然对自己的评论并不十分满意，他却尽到了自己的最大努力。

五六月间，朱自清与柳无忌夫妇一起在欧洲漫游。在柏林时，朱自清于一个偶然的机会结识了青年诗人冯至。之后，他又游览了有“欧洲的公园”之称的瑞士、意大利半岛西南角上的庞贝古城和东北角的“水中的城”威尼斯，此时归期亦已至。7 月 7 日，朱自清和柳无忌夫妇乘意大利罗索伯爵号轮船，经红海、印度洋回国了。

山雨欲来风满楼（1932—1936）

1932 年 7 月 31 日，朱自清抵达上海，回到了阔别近一年的祖国。从游轮上下来的朱自清，已把那双老式的“双梁鞋”换成了皮鞋，西装的领带也很严正。在登上码头的那一刻，他远远望见日夜牵挂着的爱人已在那里迎接他了。“旅行也是刷新自己的一帖清凉剂。”在遥远的异国他乡，朱自清固然有着语言不通、文化障碍、去国思乡等诸多烦恼，但是充实的学习时光、丰富的

游历生活使他的身心都历经了一番刷洗。经过一年时间的游历，呈现在众人眼前的是一个更加神采奕奕、意气风发的朱自清。

刚刚归国的朱自清马上面临着新的任务与挑战。早在 1930 年 5 月间，校长罗家伦因声势浩大的“驱罗”风潮被迫辞职。而在朱自清旅欧期间，清华大学人事几经变动，直到 1931 年 10 月 10 日，教育部委派原教务长梅贻琦任清华校长。本来朱自清只是中国文学系代理系主任，出国时由刘文典接替此职，但由于新任校长对朱自清很赏识，因此他从欧洲刚一回来就被正式任命为系主任。除了处理系中事务，朱自清这一学期还讲授“诗”“歌谣”“中国新文学研究”三门课，后来又开讲“陶诗”和“李贺诗”，努力从事国学研究。

新学期新气象，系中最大的新鲜事莫过于新来了一位三十多岁的教师。他身穿一件黑色长衫，架着一副银边眼镜，气度不凡，极有风骨。在课堂上，学生经常能看到他抽着香烟侃侃而谈的投入场景，讲到兴致盎然时，忘记下课也是常有的事。这位新教师就是出版过诗集《红烛》《死水》的著名诗人闻一多。他本来受聘于国立青岛大学，任文学院院长兼国文系主任。1932

年，南京政府和山东地方势力的倾轧争斗延伸到青岛大学内部，学校一时之间派系纷争不断，被搞得乌烟瘴气。因受到不少攻击与诽谤，闻一多愤而辞职，回到母校清华执教。他潜心于《诗经》《楚辞》《唐诗》等国学研究，除担任一年级的国文课，还讲授“王维及其同派诗人”“杜甫”和“先秦汉魏六朝诗”等课。当时闻一多的寓所在新南院72号，朱自清则住在北院9号，由于学术兴趣一致，闻一多常常到朱自清家中叙谈，交换学术见解，两人的交往也由此日渐密切。

欧游归来之后，朱自清度过了一段颇为安静的日子。一年多的交往时间，令朱自清与陈竹隐之间的感情日笃，两颗心早已亲密无间。因此，朱自清刚一回国便立即着手组建新的家庭。8月4日，两人在上海举行了新式婚礼，并发帖邀请茅盾、叶圣陶、丰子恺等朋友在一家广东饭店聚会。蜜月过后，一对新人回到扬州探望父母子女。离家六七年之后，朱自清终于再次回到那一山一水都令他魂牵梦萦的扬州。久别不见，家中自是欢喜异常。朱自清兴致极高，星期天常带孩子们游览城外的瘦西湖、小金山、平山堂等名胜，他们或者泛舟湖上，或者登临游览，朱自清还津津有味地给孩子们进行讲解。他有时也与三弟国华谈及孩子们的将来，主张应该让孩子们根据自己的兴趣求得发展，做父亲的断不能束缚儿女们的自由意志。除了孩子们，令朱自清惦念的还有他的亡妻。一天清早，朱自清特地去祭扫武钟谦的坟墓。空山寂寂，荒草漫漫，朱自清不禁触景生情，脑海中浮现出武钟谦生前种种。他向着被乱草淹没的坟头，心中默祷道："我们想告诉你，五个孩子都好，我们一定尽心教养他们，让他们对得起死了的母亲你！谦，好好放心安睡罢，你。"

婚后陈竹隐留在家里操持家务，照顾朱自清的衣食起居，一家人的生活也安定下来。为此，朱自清终于可以埋头学术研究，走自己原先拟定的路了。他对时间利用极为充分，对自我要求也极为严苛，对此，陈竹隐回忆说：

> 他的作息时间是安排得很严格的：早晨起床做早操，用冷水擦澡，洗脸，漱口时就把书放在洗脸架上看，然后喝一杯牛奶就到图书馆去。中午回家吃饭，饭后看报。图书馆一开门便又去了。吃罢晚饭，还要去图书馆，直到闭馆才回家。进家门便又摆上东西

写，一直到11点休息。除了生病，我从未见他11点前睡过。我常劝他中午休息一会儿，他也不听。他一辈子吃饭都是大口大口地很快地吃，深怕耽误时间。……他真是抓紧匆匆来去的分分秒秒地读呀，写呀！连每天我们说话的时间都很少。①

作为文学系主任，朱自清对教学方针反复斟酌思量，所采用的基本上和杨振声一致，那就是：用新观点研究旧文学，创造新文学。他自己所开的几门课和研究的课题就体现了这一主张。他一方面着眼于古代，深入研讨陶渊明和李贺的作品，写下了第一篇考证文章《陶渊明年谱中之问题》，对历来研究中的不妥之处进行纠偏。另一方面，他也兼顾对当前创作的研究。他读了卞之琳的《三秋草》，还读了穆时英的《南北极》、张天翼的《小彼得》等作品，并进行了独到的评论。他对茅盾的创作特别关注，对《春蚕》《秋收》《大泽乡》《豹子头林冲》《石碣》及《右第二章》等作品均有论及。不过，他最为推崇的还是

①陈竹隐：《追忆朱自清》，《中华文史资料文库》第15卷54页，北京：中国文史出版社，1996年。

《蚀》和《子夜》两部作品，认为它们最能真切地表现这个时代。一天，同学们到朱自清家中做客，朱自清兴奋地和他们谈论茅盾的《子夜》，他从自己写小说的亲身感受出发，十分感慨地说道：“写小说，真不容易。我一辈子都写不成小说，不知道从哪里下笔。也铺展不开，也组织不起来。不只长篇，连短篇也是。”茅盾却在《子夜》中以一种交错复杂的结构将纷繁万状的事件和场面进行全景式的描写，人物的出场与事态的展开条贯井然、纷而不乱。朱自清的敬佩之情溢于言表，他认为这是站在时代最尖端的作品，不论取材、思想还是气魄，都可以说是中国新文学划时代的巨制。

身为一名教师，朱自清时刻不忘尽到一位师者的责任。他对教学十分负责，对学生要求也非常严格。在讲授陶诗时，要求学生背诵或默写是朱自清检查学生知识掌握程度的惯用方法，字写错了就要扣分。因此一些怕拘束的学生都不敢选他的课，只有五人选修“李贺诗”。朱自清虽然对学生学业要求甚高，生活中却平易近人。他办公室座位的周围尽是书架，除了吃饭、上课和休息，他总是坐在那里看书、写文章、处理事务。

学生常到办公室来找他商量选课的事，他对学生也十分客气，不是称“先生”，就是称“您”，只要不是十分熟悉的绝不直呼其名。他常常根据对方实际情况因材施教，如他曾劝吴组缃多选外文系的课，并鼓励他学英语与法语。

除了行政事务和教学研究，朱自清在文艺创作方面也下了不少功夫。西行归来后，朱自清便开始考虑集中撰写游学观感。仅 1932 年 10 月一个月时间，就完成了《威尼斯》《佛罗伦斯》《罗马》《滂卑古城》四篇欧游杂记，过后又写了《瑞士》《荷兰》等篇目，均发表在《中学生》杂志上。1934 年 9 月，涵盖十一篇散文的集子《欧游杂记》由开明书店出版，叶圣陶为其题签。在序言中，朱自清谈到自己写作意图和创作心境时说：“用意是在写些游记给中学生看。在中学教过五年书，这便算是小小的礼物吧。书中各篇以记述景物为主，极少说到自己的地方。这是有意避免的：一则自己外行，何必放言高论；二则这个时代，‘身边琐事’说来到底无谓。”[①] 不同于

①朱自清：《〈欧游杂记〉自序》，《欧游杂记》4 页，成都：天地出版社，2013 年。

前期作品或尽情抒发对现实的感受，或微妙传递自己内心思绪，这部“以记述景物为主”的集子抒情色彩不怎么浓烈。但朱自清也并非仅仅局限于纯客观描述，他常在描写中时时流露出自己在特定情境中的观感，这样就使文章平添了几分鲜活气息，使人有身临其境之感。同时，他还从过去生活经历中撷取题材，写了《冬天》《择偶记》《南京》等几篇回忆性散文，发表后均获得读者的好评。

与此同时，朱自清还积极参与创办《文学季刊》。这一杂志是北京和上海两地文学界之间的一座桥梁，说起它的诞生就不能不说到鲁迅。1932 年 11 月 16 日，鲁迅为探望生病的母亲从上海来到北平，许多高校都纷纷登门请他讲课。乘这次北上探亲的机会，鲁迅也积极与北平文学界进行深入交流，这其中最重要的活动就是与左翼文学团体的成员见面。24 日下午，鲁迅到女子理学院做了题目为《革命文学与遵命文学》的讲演，结束后当天晚上范文澜邀他到寓所一聚。过了两天，鲁迅与各左翼社团再次举行聚会。通过两次交谈，鲁迅介绍了上海左联活动的情况。同时，针对北平文学界的情况，他提议要培养青年作家，团结要求进步和作风严肃的老作家，特别是应该组织力量好好办个刊物。建议受到北平文学界的高度重视，鲁迅回上海后，北平“左联”[①]即以“北平西北书店”名义创办刊物《文学杂志》，并积极展开团结进步作家的相关工作。朱自清也在团结之列，1933 年 4 月 25 日下午，朱自清、郑振铎受邀参加了文学杂志社在北海五龙亭举行的茶话会，与北平“左联”成员畅谈北平文艺工作等问题。事后，北平“左联”负责人之一万谷川（陆万美）将情况发函告知鲁迅，鲁迅十分高兴地回信说：“郑朱皆合作，甚好。”

很快，《文学季刊》的创办工作也紧锣密鼓地开展起来。任教于燕京大学的郑振铎联系朱自清、靳以等人，每星期都在家中聚谈商议有关事宜。朱自清和郑振铎的接触多起来，两人也由此结下了深厚的友谊。当时曾参加刊物编辑工作的李长之回忆道：“因为朱先生的公正拘谨，我们现在不大记起他什么开玩笑的话，同时别人也不

---

①左联：中国左翼作家联盟的简称，是中国共产党于 20 世纪 30 年代在中国上海领导创建的一个文学组织，目的是与中国国民党争取宣传阵地，吸引广大民众支持其思想，旗帜人物是鲁迅。

大和他开玩笑。只记得他向郑先生总是全名全姓地喊着‘郑振铎’，脸上发着天真的笑意的光芒，让我们感觉他是在友情里年轻了。”① 忠厚笃实、认真负责的品质，令郑振铎对朱自清颇为信任和敬佩：“每上一堂课，在他是一件大事。尽管教得很熟的教材，但他在上课之前，还须仔细的预备着。一边走上课堂，一边还是十分的紧张。”② 有一天，郑振铎到清华大学中文系办公室找朱自清，只见他正在紧张地翻书。郑振铎问道：“下一点钟有课吗?”“有的，”朱自清一边看一边应道，“总得要再看看。”他写文章也是这样的态度，每次总是写得很慢，改了又改，绝不肯草率发表。郑振铎曾为《文艺复兴》的《中国文学研究》号向朱自清要稿，他寄了一篇《好与巧》，郑振铎认为这已经是一篇“结实而用力之作”。但过了几天，郑振铎收到朱自清寄来的一封快信，说还要修改一下，要求把原稿寄回。不久，改好的稿子寄来，郑振铎发现文章里又增加了不

---

①李长之：《杂忆佩弦先生》，《李长之文集》第 2 卷 365 页，石家庄：河北教育出版社，2006 年。

②郑振铎：《哭佩弦》，《郑振铎文集》第三卷 269 页，北京：人民文学出版社，1983 年。

少有力的例证。对此，他十分感慨地说道：“他就是那么不肯马马虎虎地过下去的。”①

1934 年 1 月 1 日，旨在团结广大作家的《文学季刊》诞生了，这算是当时国内最大型的文学杂志。刊物由立达书局出版，主编是郑振铎、巴金、靳以，朱自清是编辑之一。他们充分发扬五四文学战斗传统，推动新文学创作的发展。众多创刊人虽然作风不同，观点不一，但是他们的信仰有一个共同的倾向，那就是“以忠实恳挚的态度为新文学的建设而努力”②。他们郑重表示：“只要是同道走着的人们便都是我们的同伴。”③《文学季刊》的创刊，为北平文学界注入了活力，作家们纷纷活跃起来，鲁迅、冰心、老舍、丰子恺等人都表示大力支持。朱自清特地为刊物写了一篇书评《子夜》，全面地分析了这部长篇小说的优缺点，指出它在当时文艺界的价值：“我们

---

①郑振铎：《哭佩弦》，《郑振铎文集》第三卷 270 页，北京：人民文学出版社，1983 年。

②《〈文学季刊〉发刊词》，《中国新文学大系》第十九集 242 页，上海：上海文艺出版社，1989 年。

③《〈文学季刊〉发刊词》，《中国新文学大系》第十九集 243 页，上海：上海文艺出版社，1989 年。

现代的小说，正该如此取材，才有出路。”①

这段时间，朱自清在精心构筑的“安全逃避所”里平心静气地读书写作，度过了一段颇为平静称心的时光。尤其从 3 月以来，万物复苏，春意盎然，朱自清夫妇充分领略着大自然的美景。他们与中文系师生游览潭柘寺和戒坛寺，与陈寅恪、俞平伯等踏访大觉寺，与石荪夫妇同游西山松堂，心灵得到极大的放松。在精神得到一番洗涤之后，身心愉悦的朱自清以全身心精力投入到工作中。10 月，在郑振铎的建议下，朱自清着手搜集近十年所写的文章，开始编选散文集《你我》。集子在 1936 年 3 月间由商务印书馆出版，计二十九篇，分为两辑，甲辑是随笔，乙辑是序跋和读书录。

1935 年暑假，朱自清开始选编《中国新文学大系》诗集。《中国新文学大系》选编工作酝酿于 1934 年上半年，由上海良友图书公司的文艺编辑赵家壁创意并主编，以宏大的著述规模反映了五四以后第一个十年的理论、创作与史料。经过

---

①朱自清:《子夜》,《朱自清全集》第一卷 278 页，南京：江苏教育出版社，1988 年。

各方面协商，全书分十大卷，由蔡元培作总序，下设建设理论、文学论争、小说、散文、诗歌、戏剧、史料各个组成部分。除朱自清，还聘请胡适、郑振铎、鲁迅、茅盾、郑伯奇、周作人、郁达夫、洪深、阿英任分卷选编人并撰写分卷导言，以上均为新文学运动的著名人物。本来诗歌部分由郭沫若负责，但由于郭沫若写过责骂蒋介石的文章，因此国民党图书杂志审查委员会不同意他当“大系”的选编人。于是赵家壁和茅盾、郑振铎商量，决定改请朱自清主笔。虽然朱自清并未一直坚持新诗创作，但近几年一直从事中国新文学教学的经历使他完全具备系统梳理十年间新诗历程的能力。因赵家壁不认识朱自清，便托郑振铎代邀。接受选编任务后，朱自清立即开始搜集资料，力图将所有相关材料全部搜罗进来。他把清华大学图书馆存有的新诗集都借了出来，凡清华未收的，他也想方设法去搜集。7 月 22 日，朱自清冒着酷暑到八道湾拜访存书很多的周作人，借来许多新诗集。当时周作人恰好负责选编“中国新文学大系”散文卷，他对朱自清说，遍读各种刊物耗时太久，非得花至少一年的时间，因此他不打算这么做。朱自清觉得此话有

理，遂决定改变原先的计划，在自己“新文学纲要”讲义的基础上扩大范围，再从若干集子和杂志中择选。炎炎夏日，酷暑难耐，但这并没有影响朱自清的工作进度，从7月中旬至8月13日，他用一个月的时间就顺利完成了诗集的选编工作。朱自清共选五十九家，四百零八首诗，“导言”仅有五千余字，但极清晰、概要地反映了五四以后十年间诗歌创作的风貌，展现了一个时代诗歌艺术的成就。

正当朱自清潜心于书斋之际，民族危机却日渐加深。继“九一八”事变东北沦陷之后，日本侵略者开始了蚕食华北地区的一系列计划，其妄图霸占中国的野心已昭然若揭。“山雨欲来风满楼”，1935年注定是不平静的一年。5月29日，日本关东军天津驻屯军以中国当局破坏《塘沽协定》为借口，向国民党军事委员会北平分会代理委员长何应钦提出对华北的统治权，并派遣关东军进入关内，以武力相要挟。大兵压境，天津垂危，朱自清对此深感忧虑，他在6月10日的《日记》上写道：“近日来，河北局势愈严重。”1935年7月6日，何应钦与日本天津驻屯军司令梅津美治郎签订了臭名昭著的《何梅协定》，内容主要是：取消河北境内的国民党组织，撤出河北境内的中央军，取缔一切反日团体和反日活动。之后，日本侵略者及大小汉奸开始大肆鼓噪“华北五省（河北、山东、山西、察哈尔、绥远）自治”。面对侵略者的嚣张气焰，国民党政府采取的妥协政策更加剧了日本侵略者并吞中国的步伐，他们收买汉奸策动所谓的“华北防共自治运动”，阴谋制造一个“满洲国第二”。

中华民族的危机已到了空前严重的程度！“抗日则生，不抗日则死。”为了挽救危局，中国共产党在长征途中发表《为抗日救国告全体同胞书》（《八一宣言》），呼吁全国各党派、各军队、各界同胞停止内战，一致对外。值此无数仁人志士为国奔走呼号的重要时刻，国民政府在日本帝国主义的逼迫下竟然下令改变华北的行政体制，决定成立“冀察政务委员会”，代替原有行政机构，这实际上是要把晋察两省置于中国行政区域之外，达到侵略者变相“自治”的目的。紧张的局势让朱自清心中充满了不安。12 月 6 日，他给天津《立报》副刊《言林》编辑谢六逸写了一封信，表露自己内心的忧虑。“宁为玉碎，不求瓦全。”在对丑恶现实感到悲哀和气愤的同时，朱自清也同许多正直的知识分子一样，誓为民族的前途进行不屈的斗争。就在这一天，北平学联召开代表会，通过并发表了《北平市学生联合会成立宣言》。与此同时，国民政府将于 12 月 9 日成立“冀察政务委员会”的消息传来，彻底激怒了各界进步人士。

“华北之大，已经安放不下一张平静书桌!”在中共北平临时工委的领导下，北平学联立即在 12 月 8 日召开紧急会议，决定在第二天举行大规模请愿，反对“华北自治”。1935 年 12 月 9 日，北平天寒地冻，但是数千名爱国学生的抗日怒火愈烧愈烈。他们冒着严寒，冲破反动军警的层层封锁，从四面八方涌向新华门。游行队伍一路高唱《义勇军进行曲》，当进入西单时，预先埋伏在那里的军警对他们发起突然袭击。然而，学生们没有退缩，而是英勇抵抗，奋力向前。不少市民受到感染也加入进来，队伍很快壮大到四五千人。当爱国群众准备到“冀察政务委员会”即将成立的地点示威时，大批杀气腾腾的军警出现在他们面前。爱国学生由各自分散前进改为每一排八人手挽手，高喊口号勇敢向前冲，军警开始用消防水龙向游行队伍喷射，在寒冷的天气中许多学生身上结出冰凌。军警还从两侧使用枪托、刀背、学棍、皮鞭、军靴猛击手无寸铁的学生，尽管如此，一些被打伤的同学仍然高喊着抗日救亡口号，爬起来继续加入到游行队伍中。这一天，学生中有一百多人受伤，三十余人被捕，这就是著名的“一二·九”运动。14 日，《立报》以“北平消息”为题，发表了朱自清写给谢六逸的信，文章充分展现出知识分子的忧患意识与担当精神，起到了很好的动员效果。就在同一天，北平报纸披露了一个消息：“冀察政务委员会”将于 12 月 16 日宣告成立！是可忍，孰不可忍！16 日，万名爱国学生再次走上街头，一场声势浩大的抗日救亡大示威爆发了。市民们热情支持学生的爱国行动，有的送来开水和食物，有的自动加入到游行队伍中。这一天，朱自清和其他两位教师一大清早就加入到了学生们的游行队伍中，他看到戒备森严的军警以残酷的手段镇压学生时，想劝说学生返校。但是奋不顾身的学生们完全把个人安危置之度外，这样的精神深深感染了朱自清，令他打消了这个念头。两次声势浩大的示威运动沉重打击了当局的卖国行为，成立“冀察政务委员会”的计划流产了。

寒假开始后，清华学生积极响应中国共产党放手发动群众的号召，他们组织起“南下宣传团”，深入农村向农民宣传抗日救亡的革命道理。到了2月，清华又建立了“中华民族解放先锋队”，团结青年为停止内战、一致抗日进行不懈的斗争。面对纷繁复杂的政治斗争，秉持中和主义思想的朱自清多年来都采取不党不群、不偏不倚的中立态度，虽然对残酷的斗争形势理解尚不深刻，但他对学生始终是爱护同情的。朱自清被学生们高昂的爱国热情激励着，从这些年轻学生身上他看到了民族的希望，于是怀着激动的心情写下了一首《维我中华》：

> ……青年人，莫悲伤，卧薪尝胆，努力图自强。先民有言：不问收获只耕耘。献尔好身手，举长矢，射天狼！还我河山，好头颅一掷何妨？神州睡狮，震天一吼孰能量！维我中华，泱泱大邦！……三军夺帅，吾侪不可夺志，精诚所至，金石难当。有志者，事竟成，国以永康。[1]

---

①朱自清：《维我中华歌》，《朱自清全集》第九卷351页，南京：江苏教育出版社，1998年。

1936年春，北平大、中学生联合歌咏团在故宫太和殿广场举办露天音乐会，他们给这首激励救亡的诗谱了曲，并由六百人组成的合唱团向广大市民演唱。面对爱国群众抗日热情的持续高涨，反动派也加紧了破坏活动。2月29日是星期六，一大早满载军警的卡车便闯进清华校园。他们以检查为名义搜查校舍，逮捕学生，学生们奋起反抗。整整一天，清华校园都笼罩在一种恐怖气氛中。这一晚，士兵又闯进学校搜查宿舍，逮捕了二十一名学生。夜已深了，朱自清夫妇二人正在交谈，忽然听见外面有轻微但是急促的叩门声，朱自清连忙去开门，只见两个惊恐的女学生站在门外。朱自清夫妇将她们让进家中避难，共同度过了这个难眠的夜晚。

虽然校园内人心惶惶，但是正常的教学还要进行下去。5月底，正当朱自清忙得不可开交的时候，突然接到母亲病重去世的消息，因无法抽身回去，只好把钱款汇到家中。暑假开始后，朱自清才得空回扬州老家奔丧。想到母亲弥留之际自己不在身边，他深感愧疚万分，好在看到父亲身体尚好，孩子们健康成长，也算得到一点安慰。他给孩子们带了一些玩具，还给大一点的孩子讲古文，教他们打算盘，一家人度过了一段亲密的时光。新学期开始后不久，又一个不幸的消息接踵而来。10 月 19 日下午，天气阴沉，大雪纷飞，清华文学会的一些成员按计划聚在一起。这个文学会前身是清华“左联”小组领导下的“国防文艺社”，成员多是文学系的进步学生，朱自清曾与沈从文、梁宗岱等受邀参加演讲。正当他们商量事情的时候，朱自清突然从城里回来，他一边用手拍打身上的积雪，一边气喘吁吁地说道：“鲁迅先生逝世了！”听到这个消息，所有人都大吃一惊。10 月 24 日，清华文学会举行鲁迅先生追悼大会，朱自清和闻一多出席并做了讲演，对鲁迅的逝世表示沉痛的哀悼。11 月 16 日，朱自清还特地进城到鲁迅家中拜访朱夫人，二人交谈良久。

就在 1936 年即将结束之际，一件大事的发生令国内时局再度紧张起来。当时，蒋介石向张学良与杨虎城二人施加“剿共”压力，把主要精力都放在对付共产党方面。为了劝谏蒋介石改变“攘外必先安内”的既定国策，达到停止内战、一致抗日的目的，张学良和杨虎城在西安发动“兵谏”。12 月 12 日，他们派兵到临潼华清池拘禁了蒋介石以及其他重要将领共十余人。这就是震惊中外的“西安事变”，又称“双十二事变”。在共产党的努力下，事件最终和平解决。蒋介石被释放，内战也暂时停止。这一年终于在腥风血雨中结束了，朱自清也在不知不觉中步入不惑之年。回首往事，他不胜感慨，遂写下《盛年》一诗：

盛年今已尽蹉跎，游骑无归可奈何！
转眼行看四十至，无闻还畏后生多。
前尘项背遥难望，当世权衡苦太苛。
剩欲向人贾余勇，漫将顽石自磋磨。[1]

岁月蹉跎，韶华已逝，青春不再。世事虽然艰辛，朱自清对自己也有颇多不满和无奈，但他不会甘于沉沦。面对漫漫长路，他仍要自我鞭策，勇敢地向前走去。

①朱自清：《盛年》，《朱自清全集》第五卷198页，南京：江苏教育出版社，1990年。

第三章
从清华到联大

多难殷忧入湘滇（1937—1939）

1937 年新学年伊始，朱自清的生活一如往昔，虽然忙碌却尚算安逸。整个学期，朱自清把主要精力都放在与闻一多、朱光潜等商量《语言与文学》杂志发刊一事上。经过一番筹划，这份学术性极强的刊物于 6 月问世，闻一多担任主编，朱自清“历时最久，工夫最深”的论文《诗言志辨》就发表在创刊号上。暑假开始了，这是大部分学生、教师休整放松的时刻，朱自清却待在空荡荡的校园中埋头准备论文《文选序〈事出于沉思，义归乎翰藻〉说》的写作工作，他力图从小处入手来阐述文学批评史上的重要问题。

与好友交游、研讨，专注于学术研究，这本是朱自清正常的生活轨迹。然而，令他始料不及的是，这样宁静的书斋生活将随着一阵枪炮声彻底终结。7 月 7 日深夜，正当偌大的清华园渐入沉寂，远处突然传来一阵密集的枪声和炮声。清晨，消息传来：日军在北平西南卢沟桥附近演习时，借口一名士兵失踪，强行要求进入中国守军驻地宛平城搜查，遭到中国守军第 29 军严词拒绝。罪恶的枪声随即响起，宛平城遭到炮轰，中国守军奋起抗战。这就是震惊中外的“七七事变”，又称卢沟桥事变。“七七事变”第二天，中国共产党中央委员会通电全国，发出呼吁：“全中国的同胞们，平津危急！华北危急！中华民族危急！只有全民族实行抗战，才是我们的出路！”

28 日，日军出动飞机、坦克向北平发动总攻。晚上 6 时左右，一架飞机出现在北平上空，劝降传单纷纷从飞机上飘落下来。天黑之后，隆隆的炮声越来越密，朱自清焦急地等待着有关战况的消息，直到 12 点才睡，凌乱中仍做着胜利的梦。然而事与愿违，29 日天刚亮，家中的电话响了起来：北平沦陷！听闻此讯，朱自清特地进城拜访有关人士，商谈清华可能被占领一事。这时忽然接到学校打来的电话，说是校园里已落下一枚炸弹，情况十分危急。于是朱自清等人急忙去拜访冯友兰，请公

安局派警察保护，之后他们又马不停蹄地奔回学校，才发现是虚惊一场。

卢沟桥的枪炮声粉碎了朱自清沉醉多年的国学迷梦，随着日军步步紧逼的脚步，他开始意识到除了抵抗已别无他途。一天，一个学生要投笔从戎，奔赴沙场，特地前来向朱自清辞行。朱自清一改往昔的温柔敦厚，激昂地说："一个大时代就要到临，文化人应该挺身起来，加入保卫祖国的阵营。"学生请他在一本小册子上题几个字，他不假思索地提笔写下了岳飞《满江红》中的一句："壮志饥餐胡虏肉，笑谈渴饮匈奴血！"

几番挣扎之下，美丽的"水木清华"最终未能逃脱厄运。8 月 5 日，荷枪实弹的日本侵略军开进清华园。政府为了使学生不致在抗战期间失学，特选定适当地点筹设若干临时大学，北京大学、清华大学和南开大学划在长沙，称长沙临时大学。清华师生在日寇刺刀胁迫下，纷纷整理行装准备南下。此时车站由于难民拥挤不堪，朱自清要在动乱中携全家一同南下十分不便，陈竹隐临危不惧，夫妻二人商量之后决定朱自清先行独自前往长沙，陈竹隐则带着孩子留下，日后再做打算。9 月 22 日，朱自清与妻儿挥手告别。他戴着一副眼镜，提着一个旧皮包，来到拥挤不堪的北平车站。那里检查极严，好不容易躲过日本搜查上了车，又看到车内一派慌乱之象，更加令他心碎。念及当初初到清华的种种情形，仿佛还在昨日，不想十二载春秋飞逝，昔日的清华园已沦入敌手，自己又以这种方式仓皇离开，内心悲痛不已。沉思良久，车轮缓缓启动了。

多日辗转之后，朱自清于 10 月 4 日中午到达长沙。抵达当天，他立即拜访清华大学校长梅贻琦、教务长潘光旦和秘书长沈履，接任临时大学中国文学系主任及教授会主席职务，接着又兼任临时大学贷金委员会召集人。此时，朱自清既要操持系中事务，还要负责解决困难学生的生活问题，工作一时之间纷至沓来，千头万绪。临时大学设置四个学院十七个学系，本部设于长沙小东门外韭菜园圣经学校，朱自清就暂住在那里。由于校舍不够用，校部决定将文学院设在南岳衡山山麓圣经书院，称为长沙临时大学南岳分校。11 月 3 日，朱自清冒雨与文学院教师乘车前往南岳。然而，颠沛流离的现实并没有影响教学，10 日分校正式开学，朱自清讲授“宋诗”。

特殊时期的避难生活固然艰苦，却拉近了老

师们的距离。闲暇时，大家或者相约上山游逛寺庙古迹，或者一起到山脚小镇购买日常用品，俨然恢复了学生时代亲密无间的集体生活方式。他们间或到饭店小酌几杯，给清苦的生活平添几分乐趣。朱自清酒量不大，微醉即止，从不失态。除了上课，教师们都埋头学术研究，多有成果，学术空气十分浓厚。闻一多考订《周易》，朱自清则钻进南岳图书馆搜集资料，继续撰写《文选序〈事出于沉思，义归乎翰藻〉说》。在既无教材又缺参考书的情况下，教师们凭借自身深厚的功底进行讲授，学生们也专心向学，造就出空前浓厚的学术氛围。多年后，冯友兰回忆道：

> 我们在南岳底时间，虽不过三个多月，但是我觉得在这个短时期，中国的大学教育，有了最高底表现。那个文学院的学术空气，我敢说比三校的任何时期都浓厚。教授学生，真是打成一片。有个北大同学说，在南岳一个月所学底比在北平一个学期还多。我现在还想，那一段的生活，是又严肃，又快活。①

---

①冯友兰：《回念朱佩弦先生与闻一多先生》，《三松堂全集》第十四卷165—166页，郑州：河南人民出版社，2000年。

不过，这样的日子也并未持续太久。1937 年 12 月 13 日，南京陷落。日军在南京及附近地区进行了长达四十多天的大规模屠杀，惨绝人寰的场景令风云为之惨淡，天地为之失色。日寇沿长江一线进逼，危及长沙。面对岌岌可危的形势，学校于 1 月 20 日举行第 43 次常务会议，决定迁往昆明。按照计划，教职员和学生分水、陆两路走，于 3 月 15 日以前到新校址报到。由于水路既方便又快捷，女生、教职员及体弱的男生被安排由水路入滇，其他二百二十四名学生与闻一多等十一位教师则组成“湘黔滇旅行团”，通过陆路由湘西经贵州到达昆明。

朱自清没有按照上述路线行进，1938 年 2 月 16 日，他与冯友兰、汤用彤、钱穆等十余人乘汽车从长沙南岳出发，踏上了迁徙之路。他们经南宁、龙州，出镇南关（今友谊关）入越南河内，再乘火车至昆明。2 月 17 日上午 11 时，他们到达桂林，3 月 14 日下午 5 时 20 分抵达昆明。4 月 2 日，教育部下令改组国立长沙临时大学为国立西南联合大学，定朱自清仍担任中文系教授会主席（后改为系主任），于 5 月开学。而此时昆明由于校舍紧张，人满为患，无法容纳一所千余人的

大学校。不过小城蒙自却有许多空房子，因此联大决定将文学院和法商学院设在此处。由是，朱自清即随分校师生共九十二人于 4 月 4 日前往蒙自。随后“湘黔滇旅行团”师生也于 4 月 28 日到达昆明。5 月 4 日，他们赶到蒙自上课，朱自清出来迎接。烽火之中，老友再聚，自是感慨无限。朱自清看到闻一多人虽清瘦，却很有精神，并已蓄须。当晚北大学生为纪念五四举行集会，朱自清应邀演讲，他讲了许多陈年往事，博得颇多笑声，会上还通过了《告全国同胞书》。

蒙自地处昆明南面至越南边境约四分之三处，是个地处偏远的弹丸小城，看惯了大城市的人，见了蒙自的城圈儿便会觉得像玩具似的。这里只有一条大街，几间店铺，不用多少时间就可以穿城而过。人口也只有万把，所以很静。朱自清却感到它“小得好，人少得好”①，住久了就渐渐觉得有意思起来。卖东西的店铺差不多闭着眼都可以找到门儿，一些名胜去处，一个下午便可以走遍，怪省力的。不论城里城外，路上有时看不见一个人，整个天地仿佛是自个儿的，自我可

---

①朱自清:《蒙自杂记》,《朱自清全集》第四卷 398 页，南京：江苏教育出版社，1996 年。

以扩展到无穷远、无穷大，这种安静的况味使朱自清想起在台州和白马湖的时光。蒙自小城最值得注意的是门对儿多，差不多家家都有，许多门对儿都切合人家的姓，但最多的还是抗战的门对儿。这就造成一种气氛，让行人不会忘记所处的时代和国家。朱自清认为这是“利用旧形式宣传抗战建国，是值得鼓励的”，到了旧历年时，“这种抗战春联，大可提倡一下”①。

不过，蒙自苍蝇太多。一次朱自清的一位朋友在街上张口笑了一下，便飞进去一个。好在蒙自的民众相当乐意接受宣传，联大学生举办过一次灭蝇运动之后，这种情况便大为改善。由于地处偏僻，报纸要几天才到，前后方音讯也经常隔断，这时大家真正深切地感受到了“烽火连三月，家书抵万金”的含意。朱自清十分关心抗战局势，经常去学生宿舍转，或者请他们到自己房间闲聊。学校租了几间民房做宿舍，朱自清住的是只有十平方米大的独间，狭小的房里放着床铺、方桌、小书桌、竹书架、藤椅、凳子等用具，

①朱自清：《蒙自杂记》，《朱自清全集》第四卷399页，南京：江苏教育出版社，1996年。

因而显得颇为拥挤。不过，这并不影响师生间的亲密交流，朱自清常常就战局和同学交换看法，向他们探询家书中传来的消息，尤其是扬州方面的情况，有时还拿出地图，和他们一起对照着仔细寻找一城一镇的位置。

生活条件虽然简陋艰苦，但大家也有放松休闲的去处。大街上有一家卖糖粥的，带着卖煎粑粑，店中桌凳碗勺都很干净，又便宜，因此备受联大师生青睐。掌柜是一个姓雷的四川人，他白发苍苍，脸上常挂着微笑，人缘很好，联大教师管这个铺子叫“雷稀饭”，朱自清和一些同事常去光顾。那里还有几家越南侨民开的咖啡馆，主要卖咖啡、可可、炸猪排、煎荷包蛋等，也做西餐，去吃的多是学生。地方政府拨给联大一个海关旧址，校方又租了东方汇理银行的旧地作为教室。对古老的蒙自来说，海关旧址确实是最高级且带有西洋式的建筑物了。虽然地方并不大，但很幽静，到处呈现出“苔痕上阶绿，草色入帘青”的景象。高大的尤加利树和一片片软软的绿草随处可见，望之让人顿感心胸疏阔，周身润泽。临近大门处，一路古柏参天，无数白鹤栖憩其上。银行里花开遍地，最艳丽的要数叶子花，常开不败，那紫色的脉络分明，一丛丛一片片，浓得化不开。蒙自还有一个南湖，冬、春两季水很少，但一到夏季便如返老还童一般涨得溶溶滟滟，美丽非常。湖堤上参天的尤加利树既高又直，细长的叶子拂过水面，湖景十分旖旎。还有那田田的荷叶，亭亭的荷花，更显诗情画意。目睹此景，朱自清便情不自禁地想到北平的什刹海，思乡之情更加浓烈。到了傍晚，师生们都喜欢在湖畔漫游，朱自清也常和冯友兰结伴在这里散步。美丽的南湖点缀了联大师生的艰苦生活，漫天的烽火硝烟并没有使他们丧失发现美、捕捉美的能力。受此触动，中文系和外语系学生向长清、刘兆吉、穆旦等二十余人组织了“南湖诗社”，他们请闻一多和朱自清做导师，指导新诗写作。

“百折千回却忆君”，在离开北平近一年的时间里，朱自清无时无刻不在记挂着家中的妻子和儿女。终于在 5 月底，朱自清得到一个令他激动不已的好消息：陈竹隐将带着孩子们随北大、清华的一部分家属南下来滇！想到一家人马上可以团圆，他抑制不住内心的喜悦。陈竹隐等人 5 月下旬从北平出发，一路上历经了千辛万苦。在兵

荒马乱的岁月，一个女子带着孩子长途跋涉，其艰难是可想而知的。陈竹隐回忆说：

那时日本人的吉普车在城里横冲直撞。在告别北平时，我差一点叫日本人的车撞上，结果我坐的三轮车翻了，车夫受了伤，我的脚也崴了。我就是一瘸一拐地启程南下的。在南下的船上，我们还遇到日本人的搜查。日本兵把全船的人都轰到甲板上，排成一队，挨个检查。他们认为可疑的人便用装水果的大蒲包把头一裹就拉走，不由分说。看着这蛮横的情景，真使人体会到亡国的痛苦。

船快到越南的海防时，又遇到了台风。大风大浪打得船上下颠簸，大家都翻肠倒肚地吐呀，吐呀！放在格子里的暖瓶全摔碎了，人也根本无法躺在床铺上。我的大女儿在隔壁舱房里边吐边哭喊着："娘啊！我冷啊，冷啊！"而我身边还有两个小孩子，我在舱里死死用手抓住栏杆，用脚抵住舱壁，挡着两个孩子不让他们掉下来。听着隔壁女儿的哭喊声，我心里真是难受极了。大风浪整整折磨我们一夜，第二天风浪小了，可厨房里的盘碗餐具都打碎了，大家都只好饿肚子。[①]

6月2日，当陈竹隐等人搭乘的船到达越南海防时，朱自清早已闻讯从蒙自赶来，在码头上等待多时了。海防很美，这里到处都是绿树红花。可是，这里的越南人民却无心欣赏这样的美景，由于法国的殖民统治，百姓连房子开个窗户都要经过法国人的批准。在码头上，到处是为了生活拼命抢搬行李的搬运工人；在旅馆里，随处是为了糊口必须忍受法国有钱人鞭打的穷苦劳力。看到这些情景，朱自清非常气愤，他痛心地对孩子们讲："我们要亡了国，也会像他们那样！"6月4日，他带着妻子和儿女回到蒙自，两天后全家人迁居桂林街大井巷。很快，朱自清一家与联大师生一起迎来了云南特有的火把节。这是彝、白、纳西、基诺、拉祜、普米等族人民的传统节日，节期在农历六月二十四至二十六日间。农历六月二十四日，晚饭过后，夜幕下沉，

①陈竹隐:《追忆朱自清》,《中华文史资料文库》第15卷56页,北京:中国文史出版社,1996年。

家家门口烧起芦秆或树枝，到处都是熊熊的火光。男女老少欢聚在一起，孩子们手里提着烂布浸油的火球晃来晃去，跳着叫着，寂静的城镇顿时热闹起来。朱自清被这种热闹场面深深感染了，他从中感受到奔放热烈的生命活力：“这火是光，是热，是力量，是青年。”他甚至赋予了这个节日不同寻常的时代意义：“是个有意义的风俗；在这抗战时期，需要鼓舞精神的时期，它的意义更是深厚。”①

过完火把节，也到了学期结束送别毕业生的时刻。因西南联大刚刚成立，一切事宜尚未完备，所以这届毕业生均以原校名义颁发文凭。作为纪念，清华毕业生编纂了一本“清华第十级年刊”，编委邀请朱自清为毕业生们写几句寄语。过去批评清华毕业生的人说他们在做人方面太过雅气、骄气，无论这种批评是否恰当，朱自清认为这一届历经战火淬炼的学子们是不同的。他满含深情地写道：“诸君又走了这么多路，更多的认识了我们的内地，我们的农村，我们的国家。

---

①朱自清：《蒙自杂记》，《朱自清全集》第四卷400页，南京：江苏教育出版社，1996年。

诸君一定会不负所学，各尽所能，来报效我们的民族，以完成抗战建国的大业的。”① 题词情深意切，承载着一位师长对年轻学生的无限期望，学生们看后都很感动。

新学期开学在即，联大在昆明西北三分寺附近购置了一百多亩地，建盖了一百多间教室和宿舍。虽然校舍比较简陋，但总算能够满足集中办学的需求。于是，蒙自分校的师生们纷纷迁回昆明上课。9 月 3 日，朱自清一家也从蒙自随校回到昆明。然而，突如其来的灾难再次打乱了开学计划。9 月 28 日，昆明遭到日机空袭，联大租借的教职员宿舍被炸，死伤者无数，其中还有少数学生。朱自清亲眼看到无数死者横卧地上，场面异常惨烈，仿佛是对侵略者暴行的无声控诉。但是，暴行并未让师生们感到胆怯。为了更好地肩负起时代使命，彰显联大师生对抗战必胜的决心，学校在 10 月初成立了编写校歌委员会。朱自清、闻一多、冯友兰等都是该会成员，几经锤炼之后，一曲庄严凝重却又荡气回肠的校歌写

①朱自清：《赠言》，《朱自清全集》第八卷 422 页，南京：江苏教育出版社，1993 年。

就了：

万里长征，辞却了五朝宫阙。暂驻足衡山湘水，又成离别。绝徼移栽桢干质，九州遍洒黎元血。尽笳吹弦诵在山城，情弥切。

千秋耻，终当雪，中兴业，须人杰。便一成三户，壮怀难折。多难殷忧新国运，动心忍性希前哲，待驱除仇寇复神京，还燕碣。①

在师生们的共同努力下，学校渐渐步入正轨。11 月 8 日，新学期正式开始了。这学期朱自清开讲“文学批评”，由于准备充分，材料丰富，这门课深受学生们欢迎。虽然时不时要遭受敌机的突然轰炸，生活上也很是艰难，可是在教学上朱自清还是本着一贯认真的精神，绝不因生活动乱而有半点马虎。他连日忙于指导学生选课，批改学生作业，每天都要坚持到夜里 12 点以后才休息。一次，由于饮食不慎，朱自清得了严重的痢疾，但考虑到已经答应学生第二天上课要发作

①《三松堂全集》第十四卷 513 页，郑州：河南人民出版社，2000 年。

文，他还是决定连夜批改学生的文章。陈竹隐劝他休息，他只是说："我答应明天发给学生的。"陈竹隐没有办法，只好在他书桌边放个马桶。朱自清就这样整整改了一夜，腹泻了三十多次。天亮后，陈竹隐眼中的丈夫已经是脸色蜡黄，眼窝凹陷，人都脱了相。但朱自清却连脸都没来得及洗，提起书包就去给学生上课了。朱自清批改作业也是一丝不苟，他从不吝啬心血，有错必改，字斟句酌。有一回他给一个学生的文章改了一个字，过后他又把那个学生找来说："还是用你原来的那个字吧！我想还是原来那个字好。"

在搞好教学与学术研究的同时，朱自清始终热切地关注着抗战局势。虽然抗战形势异常艰苦，但是台儿庄大捷、平型关战役胜利等消息大大鼓舞了全国人民的抗日热情。朱自清也对局势充满了信心，"中华全国文艺界抗敌协会"在武汉成立时，他被推为理事，努力从事抗战文艺运动。后来，云南分会在昆明召开，他和吴晗、杨振声等出席会议，并且坚决拥护长期抗战的国策。1939年7月7日，转眼间抗战已经两年了。昆明各界纷纷举行抗战两周年纪念会，朱自清连夜写了短文《这一天》，热情讴歌这一"新中国

这样日复一日的生活令他无法把精力集中在研究上。加上近来身体不适，常常胃疼，朱自清下定决心要摆脱这种状态，全身心从事国学研究。在学期结束的时候，他以健康为由，辞去了联大中国文学系主任职务。但校方还要他担任清华国文系主任，因此一时之间还不能完全摆脱行政事务的纠缠，这令他感到颇为懊恼。

朱自清辞职后，联大中文系主任由著名语言学家罗常培继任。开学后不久，罗常培主持中文系师生召开了一个座谈会。一开始，他讲了系里的一些情况，忽然话锋一转，很严肃地说道："有一个同学，学号是1188，他填的表里，说他爱读新文学，讨厌旧文学、老古董，这思想要纠正。中国文学系，就是研究中国语言文字、中国古代文学的系。爱读新文学，就不该读中文系！"原来，入学之后，系里发给每一个新生一份表格，调查他们的兴趣和家庭情况，那张表就是学生刘北汜填的。当时联大中文系规定，中文系学生一、二年级上基础课，三、四年级以后分组，一为语言组，一为文学组。那时在新文学方面只有杨振声开设的"中国现代文学"和沈从文讲授的"语体文习作"。刘北汜感到新文学课程太少了，因此在“课外爱读书籍”这一栏目里表达了自己的意见。可是他万万没有想到，这么一件小事竟惹得系主任如此恼火。正当刘北汜认为自己惹下大祸十分狼狈的时候，朱自清站起身来说道：“这同学的意见，我认为值得重视。我们不能认为学生爱好新文艺是要不得的事。我认为这是好现象，我们应该指导学生向学习白话文的路上走。这应是中文系的主要道路。研读古文只不过便利学生发掘古代文化遗产，不能当作中文系唯一的目标。”这个观点很显然与罗常培的针锋相对，也出乎与会者的预料，会场一片寂静。这时杨振声站起来支持朱自清的意见，并建议中文系的课程应增加新文学的比重，座谈会差一点变成了辩论会。①

朱自清愈发想要摆脱行政事务了，他给在吴组缃的信中说道：“我这些年担任系务，越来越腻味。去年因胃病摆脱了联大一部分系务，但还有清华的缠着。行政不论范围大小，都有些麻烦

---

①参考《朱自清年谱》208页，合肥：安徽教育出版社，1996年；《昆明文史资料集萃》第九卷7879页，昆明：云南科技出版社，2009年。

琐碎，耽误自己的工作很大……今年请求休假，一半为的摆脱系务，一半为的补读基本书籍。一向事忙，许多早该读的书都还没有细心读过，我是四十多了，再迟怕真来不及了。”[①]

不能全身心投入到学术研究之中令朱自清很不踏实。空虚之外，是从未有过的时间紧迫感。于是当他再次得到休假机会的时候，便连清华国文系主任一职也辞去了，他要彻底摆脱事务，专心学问。最后，这一请求获得批准，朱自清终于舒了一口气。

孜孜不倦薪火传（1940—1943）

连年烽火，满目疮痍。1940 年，战争形势依旧十分胶着。在侵略者的施压下，国民党政府调转枪头，展开了对共产党的围剿。随着战争形势的日益恶化，成都物价暴涨，此时又逢天旱无雨，青黄不接，民不聊生。“白骨露于野，千里无鸡鸣”的场面不再是诗人笔下的世界，一群群饥民涌进城内，一面抢米仓，一面“吃大户”。

①吴组缃：《敬悼佩弦先生》，《朱自清研究资料》277—278 页，北京：北京师范大学出版社，1981 年。

朱自清十分同情这些饥民，因为他深切地体会过吃饭这一基本权利受到威胁是何等滋味。

在 1937 年卢沟桥事变以前，教授们的工资大概为三百元，那时三元钱可以换一美元，五元则能换一英镑，较高的工资水准使他们的生活比较稳定。可是，到了昆明之后，货币贬值的程度令人惊愕，三百元甚至连一盒烟都买不到了！当时，工资已经没有实际意义，公教人员生活来源主要依靠“米贴”，这是一定数量的相当于市场上大米实际价格的货币，最多的一个人每月可拿一石二。昆明飞涨的物价和家中众多的人口，使朱自清的生活捉襟见肘。而这时陈竹隐又怀了孕，因此要维系家中日常生活对于朱自清来说实在是异常艰难。考虑到陈竹隐是成都人，那里的东西比昆明便宜些，因此夫妻二人商量后，决定举家前往成都。可是当时家中光景惨淡，连路费都拿不出来。盘缠不够，告贷无门，朱自清只好忍痛割爱，把当年从英国游历回来时送给陈竹隐的留声机和音乐唱片以三百元的价格卖给了旧货铺，全家才得以成行。刚一到陈竹隐姐姐家，朱自清就要给陈家祖宗牌位磕头。陈竹隐姐姐赶忙拉住他说：“哎呀，不要磕头，你穿的是西装。”

朱自清却说："以前说好的要磕头。"原来朱自清婚后回老家扬州时，对陈竹隐说："回去可得磕头呀！"陈竹隐笑着说："好，到你们家磕头可以，那你到我们家也得磕头呀！"陈竹隐没有想到，这么多年过去了，朱自清依然将这句玩笑话牢记在心。

8 月 4 日，朱自清把家安顿在东门外宋公桥报恩寺里，他住的是旁院三间没有地板的简陋小瓦房，收拾一番后却也洁净。14 日，陈竹隐生下一个女儿。几天之后，叶圣陶在一个清晨前来拜访。抗战期间，叶圣陶原在武汉大学中文系任教，1940 年 5 月被四川省教育科学馆聘为该馆专门委员，负责审查小学国文教材。这年 7 月间，叶圣陶只身来到成都。分别多年，再次相见，二人欣喜不已。但当叶圣陶环视茅屋的时候，只见满目贫穷萧然之相，不觉心中一阵酸楚。午饭时朱自清拿出一瓶珍藏的好酒和有名的云南宣威火腿请叶圣陶品尝，二人把盏叙旧，下午又去了不远的望江楼品茶畅谈。之后两人时常见面，或闲谈，或小饮。1941 年 1 月 31 日，叶圣陶将家眷从乐山接到成都西门外，两人见面次数更多了。其实，两家分住城东城西，相隔有二十里之远，见面并不是件容易的事。两人便相约于城中少城公园一茶馆相见，每每相谈甚晚，互看文章，诗歌唱和，颇为惬意。这一时期，两人合作编撰了《精读指导举隅》和《略读指导举隅》。两书比一般教本详明确切，都是专供中学国文教师参考所用，分别于 1942 年和 1943 年由上海商务印书馆出版，对当时中学语文教师有很大帮助，出版后深受广大读者欢迎。

在简陋的居所中，朱自清还致力于用白话文写《古诗十九首释》。原本朱自清休假的任务是研究古代散文，但因在成都手边资料匮乏，转而改为研究诗歌。虽然计划改变，但是朱自清之所以选择古诗十九首并非随意为之，而是有他自己的考虑。古诗十九首作为我国最早的五言诗，是古诗的最重要代表，而愈是年代久远的经典愈是易于令人望文生义，产生情感隔膜。朱自清认定“欣赏是在透彻的了解里”，只有能理解诗歌含意的人，才能真正达到欣赏的水准，释解的目的正是为了“帮助青年诸君的了解，引起他们的兴趣，更注意的是要养成他们分析的态度”[1]。他夜以继日，孜孜不倦，接连写了四篇文章，连载于

①朱自清:《古诗十九首释》,《朱自清全集》第七卷 191 页,南京:江苏教育出版社,1992 年。

《国文月刊》。

“诗是精粹的语言。”朱自清不仅对诗歌研究颇有建树，同时也对诗歌创作充满热情。这一期间朱自清常和叶圣陶赋诗唱和，有一次朱自清想起自己和叶圣陶从最初相见结识到如今辗转流亡的点点滴滴，顿感激动不已，于是特地赋诗一首寄赠老友。除了叶圣陶，他还经常和肖公权相唱酬。肖公权住在西门外的光华村，和朱自清居住的报恩寺相隔二十余里。面谈不便，两人便每星期至少有一次书信往来。肖公权经常向朱自清求教，因此得益匪浅。他曾怀着感激的心情说：“他是我写诗过程中最可感谢的益友。他赞许我的许多话，我虽然极不敢当，但经他屡次指点出诗中的甘苦，我学诗便有了显著的进步。”朱自清的不断奖掖，不但增加了肖公权学诗的勇气，而且使他在章法、风格等重要问题上格外注意。同时，对于好友的不足朱自清也以含蓄的方式加以提示，如果他称许某处而不提到其他，肖公权就知道哪些是学诗比较成功的地方，哪些是失败的地方。朱自清的这些唱和诗作都是旧诗，他把诗作收在自编的《犹贤博弈斋诗钞》里，但是也只给朋友看看，并说这些旧诗都是自娱之作，不愿拿去发表。不过叶圣陶却认为一写旧体诗精神情思自然而然跟古人相近，跟现代人较远。跟古人相近原没有什么不好，可是在生活实践方面朱自清还是愿意努力做个现代人，这也许才是他不愿发表旧体诗的缘由。

8 月里的一天，成都文协分会派厉国瑞（笔名牧野）请朱自清为分会主办的暑假文学研究会做讲话，朱自清愉快地答应了，闲聊间他还问牧野最近都看了些什么新刊物和新书籍。9 日晚朱自清做了题目为《文学与新闻》的演讲，听众反响热烈。过后，牧野又来访数次，经常给朱自清带来一些新出版的诗刊和诗集，还经常写信向他请教关于新诗的创作问题。朱自清也总是积极予以答复，为他仔细剖析诗篇，介绍他阅读好诗，9 月 2 日写专文《关于新诗的比喻和组织》给牧野，谈新诗的创作。和这个年轻人的交往激发了朱自清研究新诗的兴趣，他本是个热情的诗人，后来创作虽然转向，精力也向学术研究集中，但诗歌并未从他的世界彻底消失。现在，抗战烽火使朱自清重新燃起对新诗的热情，他打算花一点功夫进行抗战诗歌研究了。

新学期开学在即。为了节省开支，朱自清决

定将家眷留在成都，从水路返回昆明。离别前一周，叶圣陶在探望朱自清时得知此消息，伤感失落之余即赋《送佩弦之昆明》二首。分别之日，两人在码头上执手相对，彼此心中均不免有点惆怅，不忍就此分手，于是两人又约了另一位友人去酒馆继续吃酒倾谈。叶圣陶好饮，但平时他与朱自清在一起皆浅饮低酌，向来比较节制，那一天，他却喝了整整一斤白酒。当二人握别时，朱自清伤感地说道："重聚恐要等到抗战胜利的那一天了。"叶圣陶也在心中默祷："愿此言非虚也。"10 月 8 日，朱自清搭小船顺岷江而下。归途中，朱自清反复默念着叶圣陶的送别诗，回忆着在成都重聚的温暖时光，亦赋诗二首相和：

一

论交略形迹，语默见君真。
同作天涯客，长怀东海滨。
贪吟诗句拙，酣饮酒筒醇。
一载成都路，相偕意态新。

二

我是客中客，凭君慰泬寥。
情深河渎水，路隔短长桥。

小聚还轻别，清言难重招。

此心如老树，郁郁结枝条。[1]

船到乐山时，朱自清停留一天，并去武汉大学探望了朱光潜、叶石荪、杨人楩等老友。18日晚上到达纳溪，次日从纳溪乘车前往叙永。在叙永，他见到了在西南联大叙永分校任教的李广田，李广田已十多年没见到朱自清了。抗战以来，生活的奔波劳碌令朱自清的外表发生了很大变化，他自己说："白发益滋，烦忧徒甚。"[2] 朱自清在成都时，李长之曾去报恩寺探望，朱自清的憔悴苍老之态令这位昔日的学生倍感震惊，朱先生虽然才四十出头，但头发花白之状如同落了一层霜，简直就是老人的模样了。这次，李广田同样惊异于朱自清的巨大变化，他写道："相隔十年，朱先生完全变了，穿短服，显得有些消瘦，大约已患胃病，特别引起我注意的是他的灰白头发和长眉毛，我很少见过别人有这么长眉毛

①朱自清:《别圣陶，次见赠韵》,《朱自清旧体诗词校注》282—283页，北京:人民出版社，2014年。

②朱自清:《犹贤博弈斋诗钞·自序》,《朱自清全集》第五卷241页，南京:江苏教育出版社，1990年。

的，当时还以为这是一种长寿的征象。”[①] 不过，两人的谈话却很愉快，他们主要讨论了抗战文艺，特别是抗战的诗，更使朱自清下决心从事评论抗战诗歌的工作。由于等车，朱自清在叙永待了十天，11 月初回到昆明。

就在朱自清离开期间，昆明遭到日本战机的疯狂轰炸，许多学生宿舍被损毁，实验室、办公室也遭到破坏。侵略者能摧毁校舍，却摧不垮师生们抗战求学的坚强意志。为了继续正常办学，联大在昆明北郊的龙院村北购置了四百亩土地建盖校舍。清华大学也于东北郊龙泉镇司家营成立文学研究所，由冯友兰任所长，闻一多任主任。11 月 13 日下午，朱自清雇了一辆马车将书籍和衣物运到司家营清华文学研究所。当时许多教师都搬到研究所住，闻一多全家住在一个侧楼里，朱自清单身一人，遂和浦江清、何善周、许骏斋三人合住在闻一多对面的侧楼上。这里居住环境有些简陋，房子也不好，有一个小小的天井，二层楼上还可以晒到阳光，底层就很阴沉了。不过好在环境安静，是个读

---

①李广田:《朱自清先生》,《李广田全集》第 5 卷 177 页，昆明:云南人民出版社,2010 年。

书的好地方。由于住处临近，他
密切。朱自清对闻一多的勤奋程度与
钦佩，经常说要细读闻一多的全部手稿，闻
欣然答应。但令朱自清遗憾的是，由于自己老以为这些稿子就在眼前，什么时候想看都成，也就一直耽搁下去，不曾想就这样一直到他们各自分别搬回昆明市，到底没有好好读完。

由于还在联大教授着课程，朱自清每周都要从司家营到城里，没有直通车，他只能步行。为了避免往返跋涉，他将课集中在三天里，每逢星期二，朱自清便夹着布包步行十来里路到学校上课。上完课就在北门街联大宿舍住宿，星期五上午再步行回到司家营。虽然这样的安排已经减少了奔波劳碌的程度，但是由于身体状况不甚乐观，朱自清的体重在逐渐减轻，体力也大不如先前。

这学期中文系根据朱自清的专长特设了“文辞研究”课程，这是一门新学科，主要是研究春秋时代的“行人”之辞和战国时代的游说家之辞。朱自清搜集了丰富翔实的资料，但由于内容比较枯燥，选修的只有王瑶和季镇淮两名学生。尽管如此，朱自清还是像平常那样讲授。没有课本，上课时朱自清就拿着四方的卡片，把材料一

[redacted]上，抄过了再讲，讲过了再[redacted]，好像对着许多学生讲课。他对学[redacted]样严格，课上完后，照例对他们分别进行考试，他让季镇淮分段标点两篇文章，一篇是《左传》成公十六年所记晋楚鄢陵之战的始末，另一篇是《孟子·滕文公下》“陈代曰”一章。经过这次考试，季镇淮才认识到分段标点古文并非一件容易的事，必须对字句意义先有透彻的了解才能正确地进行。交卷后没几天，朱自清便把卷子发还给他，上面已用铅笔添注了个别没读懂的字，还校改了一两处标点。几天之后，朱自清在经过昆华北院研究生宿舍时遇见了季镇淮，立即喊住他说：“有一处标点还是原来你点的对，不要改。”这件事使季镇淮终生铭记，他在《纪念佩弦师逝世三十周年》中深情地写道：“朱先生校阅学生作业不仅认真、细心，而又非常虚心，并不固执己见，对学生作业即使是一个句读符号，也要几番考虑，唯善是从。”[①] 除了“文辞研究”，朱自清还为新生讲授“大一国文”，当时新

---

①季镇淮：《纪念佩弦师逝世三十周年》，《朱自清研究资料》，北京：北京师范大学出版社，1981年。

战服务，提倡写抗战诗和爱国诗。在《抗战与诗》里，他十分推崇艾青、臧克家、老舍的作品；在《诗与建国》里，他认为群体英雄将会不断涌现，新诗必须要注重歌咏群体英雄，他大声疾呼：“我们迫切的需要建国的歌手。我们需要促进中国现代化的诗。”《爱国诗》主要鼓励诗人多写爱国的诗篇，他尤其推崇闻一多，并向人们大力推荐闻一多的诗篇《一句话》：

有一句话说出就是祸，
有一句话能点得着火。
别看五千年没有说破，
你猜得透火山的缄默？
说不定是突然着了魔，
突然青天里一个霹雳
爆一声：
“咱们的中国！”
这话教我今天怎么说？
你不信铁树开花也可，
那么有一句话你听着：
等火山忍不住了缄默，
不要发抖，伸舌头，顿脚，
等到青天里一个霹雳

爆一声：
“咱们的中国！”[①]

朱自清对于工作的投入近乎到了忘我的程度，但这时他的身体状况已很不好了。由于收入微薄，家用又大，他只好省吃俭用，随着大伙吃大厨房的糙米饭，又加上独自一人无人照顾，生活上难免有些凑合。朱自清经常在上课时从城里带回一块面包或两三个烧饼，不然就整天吃稀饭，长此以往，吃食上稍加不注意胃病便时常发作，严重时甚至连蔬菜也不易消化，只好在嘴里嚼嚼再吐出来。12 月 8 日一大早，他就听说了日本发动珍珠港事变攻击美国的消息，至下午完全证实后他的心中十分高兴。晚上便和朋友饮酒庆祝，吃了一些点心，不料夜里胃病发作，夜不成眠。当夜，听着窗外淅淅沥沥的雨声，他躺在床上辗转反侧，痛苦难耐。1942 年的 2 月 9 日，朱自清胃病仍未见好转。那天他接到陈竹隐的来信，心中十分畅快，晚餐就稍微多吃了一点，谁料饭后又开始吐酸水。胃病日益加剧，身体日渐

---

①闻一多：《一句话》，《红烛·死水》231—232 页，武汉：长江文艺出版社，2005 年。

衰弱，思想负担也重，朱自清痛苦异常。一次，学校要他做《诗的语言》报告，他连夜准备。由于那天吃的是胡豆饭，饭后又喝了几杯茶，他整晚呕水腹胀，彻夜未眠。在贫病交加中，朱自清就这样度过了一个又一个难眠之夜。

昆明虽然素有“四季如春”的称号，然而1942年的冬天格外寒冷。朱自清远离家人，旧皮袍根本无法御寒，缝制新棉袍又没有钱，过冬便成了难题。当时龙泉镇隔几天赶一次集，当地人叫“赶街”，朱自清就趁赶街的日子买了一件毡披风。这种披风有两种，细毛柔软式样好的比较贵，朱自清买不起，只能挑一件便宜一些的赶马人披的毡披风。晚上他把它当作褥子铺着，白天披在身上从乡下进城来上课，由于样子特别，吸引了街上很多人的目光。对此李广田回忆道：“三十年年底，我也到了昆明西南联大，到达后在街上遇到的第一个熟人，就是朱先生，但这一次我却几乎不认识他了，因为他穿了一件赶马的人所穿的毡斗篷，样子太别致，我看到街上有好多人都注意他，他却昂首阔步，另有意趣。”① 朱

①李广田：《朱自清先生》，《李广田全集》第5卷177页，昆明：云南人民出版社，2010年。

自清毫不在意其他人的目光，他握住李广田的手高兴地说：“太平洋战争已经爆发，中国的抗战已成了世界大战的一环，前途十分乐观。”

寒冷的冬天终于过去了。1943 年的春天，趁着春光大好，事务不多，朱自清给不少集子写起了序言，这其中包括他自己的《伦敦杂记》、王力的《中国现代语法》和马君玠的诗集《北望集》。《伦敦杂记》自 1935 年开始朱自清断断续续写了将近九年，其实稿子早已经交付给开明印刷厂，但因开明印刷厂被战火轰毁，排好的版也化为灰烬。直到他在翻旧书时忽然发现这些旧稿，因而又把稿子寄给开明，其中残缺了一篇，还是叶圣陶设法抄补的。这年 4 月，《伦敦杂记》由开明书店印发，共收九篇作品。这本集子是《欧游杂记》的姐妹篇，因而朱自清在描写时同样抱着客观审慎的态度，如同新闻报道一般老老实实地写出自己的所见所闻。不过，它和《欧游杂记》比起来，风格还略有差异，主要叙写了当年在伦敦留学 7 个月的见闻，其中关于伦敦风土人物的描写极富有人情味。

虽然生活上穷困潦倒，但朱自清从未在精神上做出妥协让步。有一天，他闲来无事随手翻阅书籍报刊，忽然发现沦陷区的刊物上面有俞平伯的一篇文章。文章与自己在成都时寄给俞平伯的一首长诗有关。这首诗主要是对旧事的回忆，满含他对老友的深情厚谊。俞平伯的文章内容没有什么大问题，而且他的为人品性，朱自清也是十分清楚的。然而，在这样一个救亡图存的关键时刻，朱自清认为知识分子不应在沦陷区刊物上发表文章。因此，朱自清没有多想，立即写信对好友加以劝说。到了 12 月初，俞平伯回信询问他的近况，但对自己发表文章的事含糊其辞，只说不过是偶尔敷衍。朱自清看后对俞平伯的态度很不满意，于是在当月的 22 日又寄去一封信，他先是告诉好友自己的近况与心境，随后特别郑重提出："前函述兄为杂志作稿事，弟意仍以搁笔为佳。率直之言，千乞谅鉴。"① 信中标点虽无叹号，但俞平伯能看出好友着急的口气。接到信后俞平伯十分感动，每当谈及此事，就感慨地说："非见爱之深，相知之切，能如此乎。"②

---

①朱自清:《致俞平伯》,《朱自清全集》第十一卷 140 页，南京:江苏教育出版社,1998 年。

②俞平伯:《诤友》,《旧时月色》208 页，北京:北京大学出版社,2013 年。

“疾风知劲草”，朱自清认为在飘摇的时代风雨中，知识分子始终应是疾风中的“劲草”。他曾极有骨气地说：“穷有穷干，苦有苦干；世界那么大，凭自己的身手，哪儿就打不开一条路？何必老是向人愁眉苦脸唉声叹气的！”[①] 他讨厌那些妥协谄媚、装腔作势、张牙舞爪的可怜虫，他就是要不阿谀、不奉承、不虚伪地做一个堂堂正正的人。

曙光初露复纷乱（1944—1945）

从 1943 年 3 月之后，美国在昆明成立第 14 航空队。在美军的震慑下，日军飞机不再肆无忌惮，空袭渐渐减少，朱自清也结束了在司家营与城里两地奔波的劳碌生活。1944 年 1 月之后他基本住在城里，城中办事方便，各种活动也多，因此朱自清的生活变得丰富起来，常去校外参加演讲。

很快，这一年的五四又到了，联大进步师生纷纷忙于庆祝活动的筹备工作。闻一多是积极组

---

①朱自清：《论自己》，《朱自清全集》第三卷 398 页，南京：江苏教育出版社，1996 年。

织者之一，朱自清也被邀请在五四文艺晚会上演讲，题目为《新文艺中散文的收获》。5 月 3 日晚，联大学生在新校舍南区十号教室召开五四 35 周年纪念座谈会，朱自清应邀出席。师生欢聚一室，纷纷畅谈自己的感想与体会，十分热闹。然而，正当气氛融洽之际，一个反动分子突然跳出来起哄捣乱，大放厥词，他鼓吹学生天职在于读书，积极关心政治实在是国家的不幸。这种言论立刻激起进步师生们的愤慨，很快被弹压下去，会议总算又得以正常进行。第二天，中文系也在第十教室举行文艺晚会，会议由闻一多和罗常培主持，原定安排一些教授讲话，朱自清为其中之一。会议进行到一半时，特务又出来捣乱，甚至把电线切断，会议彻底开不成了。

反动派越是上演一出出闹剧，师生们反抗的意志就越是强烈。5 月 8 日，在图书馆前的草坪上，一次规模空前的讲演会召开了，参加者有三千余人。讲演总题为“五四运动与新文化运动”，讲演会主席仍是罗常培与闻一多。这次，同学们吸取教训，加强戒备，使捣乱分子无机可乘。会上，朱自清按照原定计划讲演了《新文艺中散文的收获》，会议进行得十分顺利。杨振声、孙毓棠、冯至、李广田、罗常培、沈从文等人也纷纷进行了讲演。最后，闻一多发言，他指着从云中钻出来的月亮说道：“我们的会开得很成功。朋友们，你们看！月亮升起来了。黑暗过去了，光明在望了。但是，乌云还等在旁边，随时还会把月亮盖住！我们要特别注意，记住我们这个晚会是怎样被人阴谋破坏的！”借用当时的自然环境，闻一多恰如其时地警醒大家：虽然黑暗最终是挡不住光明的，但是在光明到来之前，绝对不能掉以轻心，还须警惕“乌云”。这样的发言充满力量，鼓动人心，话音刚落就响起了雷鸣般的掌声。

1944 年 7 月 14 日是陈竹隐 39 岁生日，这一天朱自清突然走进了家门。原来，当时四川地区麻疹流行，朱自清在成都的三个孩子全都受了感染。小女儿转为猩红热，住进医院，两个男孩转为肺炎，在家中休养。为了照顾三个孩子，陈竹隐每天往返在医院与住所之间，十分辛苦。朱自清得知消息后，焦急万分，恨不能马上飞回成都陪伴在妻子与孩子身边。由于没有路费，他拿了一方砚台和一些碑帖请好友徐绍谷帮忙换了点钱，又向朋友们借了一些，于 7 月 8 日才自昆明乘飞机飞往重庆。7 月 13 日，他从重庆动身前往成都，当晚宿于内江，当他 14 日傍晚到达家中时，看到孩子们情况尚好，才稍稍放心。当时两个儿子已经基本痊愈，小女儿在成都市立医院治疗。医院里的刘云波医师和陈竹隐是中学同学，为人善良慷慨，有时候甚至因惦记病人睡不着觉。陈竹隐带着孩子在成都的六年时间里，她多有照拂。当时朱自清的小女儿病情危险，亏刘云波把自己存着的特效药拿出来，才从死神手中救回了一条小生命。她知道朱自清是教书匠很贫穷，一分钱也不要。后来，朱自清拟了一副对联送她，曰“生死人而肉白骨，保赤子如拯斯民”，字是朱自清特地请叶圣陶写的。就在朱自清为三个孩子的病情渐渐好转感到欣慰之际，一个噩耗传来，8 月 19 日，他的二女儿逖先暴病死于扬州，年仅二十二岁。这个孩子平素性情好，爱读书，做事负责任，为人又和善，朱自清非常喜爱她。但不知女儿得了什么病，发病只一天半就死去，得知消息后朱自清悲痛万分。

怀着复杂的心绪，暑假结束了。9 月 28 日，朱自清从成都飞往重庆，10 月 1 日，再由重庆飞回昆明，正赶上开学。这时他从司家营搬出来，住在昆明北门街七十号单身教员宿舍里。10 月 19

日，是鲁迅逝世八周年的日子。这一天，云南大学学生自治会、昆明文协和联大“冬青”等社团在云南大学至公堂联合发起了纪念晚会，参加者四千余人。朱自清和闻一多等均出席晚会，并发表演讲，对鲁迅生平、创作等做了系统的介绍，并希望人们学习和发扬鲁迅的革命精神。

此时全面抗战已经进入第七个年头。这一年是世界反法西斯战争取得重大胜利的一年，历经七载艰苦卓绝的浴血奋战，苦难的国度终于迎来了胜利的曙光：苏军彻底解除德军对列宁格勒的威胁，收复了全部国土，并重创德军北方集团军群；英美军队在法国诺曼底登陆，开辟了第二战场；日军在莱特湾海战中惨败，此后其海军基本丧失作战能力。日本帝国主义已日渐走向下坡路，穷途末路之际，开始疯狂地对中国展开进攻，于 11 月发动了号称“一号战役”的豫湘桂战役。在国民党反动政府的积极反共、消极抗战的政策下，国民党军队一触即溃，六千万人民陷于日军的铁蹄之下。

然而，严峻的斗争形势并没有动摇中国军民必胜的信念与决心。当时为了贴补家用，朱自清除了在联大上课，还在私立五华中学兼任国文教员。虽然住所离该校很远，但他始终风雨无阻，尽职尽责。有一次因联大临时开会不能分身，又没有电话可打，朱自清只好一大早跑到中学请假。正是因为他这种认真敬业的态度，学校特地邀请他为学校写了校歌：

> 邈哉五华经正，流风余韵悠长。问谁承先启后？青年人当仁不让。还我大好河山，四千年祖国重光，责在吾人肩上。千里英才，荟萃一堂；春风化雨，弦诵未央，坚忍和爱，南方之强。五华万寿无疆！①

歌词字字铿锵，余味悠长，朱自清是在以自己的一腔爱国热情嘱托青年学子担负起光复祖国、振兴中华之重任。朱自清还积极参与各种学生活动，以此带动起学生们的爱国之情。一个星期六下午，五华中学召开诗歌朗诵会，活动进行到中间时，朱自清忽然在台上出现了，他用略带江北特色的口音朗诵道：“我的国呵，对也罢，不对也罢，我的国呵。”这是他刚刚翻译的一个

①朱自清：《昆明五华中学校歌》，《朱自清全集》第五卷134页，南京：江苏教育出版社，1990年。

美国诗人写的诗歌，名叫《我的国》，虽然只有寥寥数语，却向学生们传达出这样一种坚定的意念：无论自己的国家是何面貌，都改变不了自己对它的热爱。1945 年 4 月 6 日，朱自清参加了联大中文系与外语系合办的诗歌晚会，他和闻一多、浦江清、李广田、冯至、卞之琳、闻家驷等都是主讲人。过了几天，扬州老家传来噩耗：父亲朱小坡于 4 月 9 日病逝，终年七十六岁。短短的八个月间，女儿与父亲的相继离去，使他无限悲痛。而战火硝烟又阻隔了回家的路，朱自清在无奈愧疚之中只能将筹款寄回家中，家人将丧事料理完后，把老人安葬于念四桥祖坟。

不久，朱自清和叶圣陶合著的《国文教学》由开明书店出版了。这是他们多年教学经验的结晶，收录了五年来二人写的关于国文教学的论文和随笔。整部书分上、下两辑，下辑的八篇文章都是朱自清所写。朱自清和叶圣陶做了多年的国文教师，为青年们编过一些国文读物，同时又是新文学的奠基人，因此这本《国文教学》对于国文教学颇有现实指导意义。他们认为五四以来的中学国文教学，过于专重精神或思想的一面，而忽略了技术训练，从而造成学生了解文字和运用文字的能力没有得到应有的发展，书中分析可谓一针见血、剖析入微。同时该书还兼顾中学、大学的教学经验以及新旧、中外文学的融会贯通，一经出版，便广受欢迎和好评，对教师提高国文教学水平有很大帮助。

转眼又是一年五四。1946 年 5 月 5 日，昆明文协、联大国文学会、外国语文学会等学术团体联合举办五四文艺晚会，地点就在联大图书馆前草坪上，朱自清被邀请做了讲演，在会上做讲演的还有闻一多、卞之琳、冯至等人。这学期即将结束的时候，朱自清决定回成都休假。6 月 25 日下午，在登记了前往成都的飞机票之后，他前往威远街 29 号参加庆祝茅盾五十寿辰和创作活动二十五周年纪念会。这次活动由全国文艺界抗敌协会昆明分会举办，一开始主持人请他当主席，但被他婉言谢绝了。不过，朱自清在会上发了言，并在会后与其他参会者一起吃了寿面。在闲谈中，参会的韩北屏告诉他一个信息：在去年的桂林战役中，一零七师师长自杀，政治部主任被俘。听到这个消息，朱自清不禁大惊失色。原来抗战刚开始不久朱自清的长子就投笔从戎了，而且恰好就在这个师的政治部工作！韩北屏见状安慰朱自清不要过于悲伤。后来经过四处打听，证实是虚惊一场，朱迈先在战役中平安无事，绝处逢生，朱自清一直悬着的心这才放下来。过了两天，朱自清在从昆明去成都的路上巧遇丰子恺。“应忆当年湖上娱，天真儿女白描图”，零落之际，故人重逢，自然是欢喜异常，回首当年在白马湖畔的欢娱时光，两人不禁感慨万千。

回到成都后，朱自清的健康状况愈来愈差，时常胃疼，口吐酸水。吴组缃路过成都，从叶圣陶那里打听到朱自清的住处，特地去报恩寺看望他。当朱自清从屋里走出来时，吴组缃霎时间愣住了：

> 他忽然变得那等憔悴和萎弱，皮肤苍白松弛，眼睛也失了光彩，穿着白色的西裤和衬衫，格外显出了瘦削劳倦之态。十一年没见面，又逢着这艰苦的抗战时期，变，是谁也要变的，但朱先生怎样变成这样了啊！我没有料到；骤然吃了一惊，心下不禁重甸甸的。
>
> 朱先生一手拿着书，一手握着笔，穿得衣履整饬，想必正在房里用功；看见我，很高兴，慌乱地拖着椅子，让我到房里坐。一会儿工夫，又来了六七位男男女女的客人，

他们称喊他“朱大哥”，坐满了屋子，大声地说笑着。朱先生各方面应酬着，作古正经，一点不肯懈怠。我在那些客人前面，是个生人，于是他还不时“张罗”我参加谈话，像他做文章，不肯疏忽了一笔。但我看到他多么疲乏，他的眼睛可怜地眨动着，黑珠作晦暗色，白珠黄黝黝的，眼角的红肉球球凸露了出来；他在凳上正襟危坐着，一言一动都使人觉得他很吃力。①

在此之前，吴组缃从佘冠英的来信中已经得知朱自清患了胃病。吴组缃也患过严重的胃痉挛，深知那种一旦痛起来就面无人色、满床乱滚的折磨，后来经阳翰笙介绍服了一瓶鹿茸精，虽然掉了两颗大牙，胃痛却从此得到了抑止。吴组缃随即把病状和治法写信告诉了朱自清，朱自清回信说：“我也要试试看。”后来朱自清又在信中透露出生怕病痛影响到工作的担心：“我的胃病时好时坏，难在有恒的小心。但以后得努力，不然日子久了，拖坏了身体，到了不大能工作的地

---

①吴组缃:《敬悼佩弦先生》,《朱自清研究资料》274 页,北京:北京师范大学出版社,1981 年。

步，那就糟了。”自此之后，朱自清的信中再没有提到过胃病，吴组缃以为他已经慢慢好转了。直到这次见面，才知道朱自清患的是十二指肠溃疡，不但没有好，反而被折磨得痛不欲生。

吴组缃的到来令病中的朱自清十分高兴，客人走后便留他一起吃午餐，为了避免胃病复发，朱自清只吃很少的面食。饭后，他取消了例行的午睡，和吴组缃在书房里长谈，足足有两个多小时。他勉励吴组缃要多“囤积”生活经验，写出好的作品来，又告诉吴组缃自己研究和写作的计划。吴组缃清楚地记得，对于自己的病朱自清轻描淡写地说：“这个病，目前我没办法，只好不要去管它。”然而，吴组缃明白这句看似轻松的话里的沉重意味，什么话也没说。

病痛和贫困中的朱自清从未抱怨，因为他把所有的希望都寄托在抗战胜利上。他坚定地相信，抗战胜利之日即是中国新生之时，他渴望一个独立强大的中国能从战火中新生。早在抗日战争相持甚苦的 1942 年 12 月，他就在报恩寺的小平房里怀着兴奋的心情写下《新中国在望中》一文。他激动地宣称：“抗战的中国在我们的手里，胜利的中国在我们的面前，新生的中国在我们的望中。”[①] 胜利在望，胜利在望，这是他始终如一的坚定信念，他是多么热切地盼望这个令人兴奋的日子早日到来！

在艰苦抗战八年之后，国内外形势急剧变化，历史转折的关头终于来临。在苏德战场上，美苏军队在易北河会师，苏联红军直捣德国法西斯巢穴柏林；在太平洋战场上，美军展开猛烈的进攻，向日本本土步步逼近，中国等国家的抗日武装也在亚洲各地展开了反攻……1945 年 8 月 15 日，日本政府宣布无条件投降，消息传来，举国欢腾。当晚，胜利喜讯传到成都，大街小巷人声喧腾，朱自清闻讯兴奋地走到大街上和市民一起狂欢了一夜。胜利给黑暗的国度带来了光明，给苦难的人民带来了希望。然而，朱自清对当前时局却十分忧虑，他看到中国共产党已有相当规模的武装力量对国民党构成威胁之势。朱自清敏锐地感到，战争的乌云依然笼罩在中国上空，因此他忧心忡忡地对陈竹隐说道：“胜利了，可是千万不能起内战呵。不起内战，国家经济可以恢复

①朱自清：《新中国在望中》，《朱自清全集》第四卷 436 页，南京：江苏教育出版社，1996 年。

得快一些，老百姓可以少受些罪。”

新的学期朱自清开讲“中国文学史”，他整天都在为备课而忙碌。由于休息不够，他的胃病又发作了。本来他打算前往成都四圣祠医院接受治疗，可是一想到要花一大笔费用，不是眼下力量所能办到的，于是决定回到北平后再进行彻底治疗。一天，他有一个文学史上的问题要参考闻一多的稿子，一大清早便去闻一多家拜访，不料闻一多已经开会去了，并不在家中。朱自清一向钦佩闻一多的学问，也爱好他的手稿，因为闻一多的稿子大多用工楷写成，一笔不苟，无论整篇整段还是一句两句，看了都让人赏心悦目。一般人总将自己的稿子视为珍宝，轻易不肯给别人看，更不用说借给他人。闻一多却毫不在乎，毫无私心，只要是认识的人，他都愿意将稿子借给对方。在司家营时，朱自清就向闻一多表示过要细读他的全部手稿，闻一多也欣然同意，但因各种原因一直耽搁下来。想到这次终于有机会拜读，朱自清征得闻太太的同意后，便开始翻阅起来。由于越看越有意思，不知不觉间他就在书桌旁足足坐了两个多小时。

正如朱自清所担心的那样，抗战胜利后国内

外政治形势依然十分紧张。国民党反动政府在美国的支持下，集中力量抢夺胜利果实，并向解放区大举进攻；与此同时，为了争取准备内战的时间，又以和平姿态电邀中共代表来重庆进行谈判。8 月 26 日，毛泽东与周恩来等乘专机抵达重庆。在此期间，闻一多、朱自清、张奚若、钱端升等十几位联大教授联名致电蒋介石、毛泽东，要求停止内战，实现国内和平民主。谈判持续了四十三天，最终在国内进步势力的压力下，蒋介石不得不在 10 月 10 日同共产党签订了《双十协定》，同意中共提出的和平建国的基本方针，双方协议必须“长期合作，坚决避免内战，建设独立、自由和富强的新中国”。

但是，《双十协定》墨迹未干，反动势力就迫不及待地撕下了虚伪的面具，毛泽东一回延安，他们就马上向各战区下达“剿匪”密令，各路军队纷纷向解放区进犯。黑云压城，昆明的政治形势日益严峻了。

第四章
文人气节与战士傲骨

暗夜血光猛惊魂（1945—1946）

抗战的硝烟刚刚消失，广大民众期盼已久的和平曙光却只是昙花一现。一切都在摇荡不定之中，一切都在随时变化之中，内战一触即发，动荡不安、瞬息万变的时代令朱自清感到深深的无力与幻灭。

1945 年 11 月 9 日，重庆各界民主进步人士举行反内战大会，成立了“反内战大同盟”。25 日，联大学生自治会与云大、中法、英专三所大学自治会联合主办反内战的时事晚会，邀请主张和平、民主、团结的教授在云大进行讲演。不料这一计划遭到了当局的阻挠，云大校长被告诫不得出借礼堂。但这一举动并没有浇灭爱国师生们的热情，会场随即改至联大大草坪。晚上7点，六千余人从四面八方赶来参加晚会。吴晗、周新民、闻一多参加了讨论会，钱端升、伍启元、费孝通、潘大逵四教授就和平民主、联合政府等问题做了讲演。暮秋时节，天气已十分寒冷，但是大家热情高涨，席地而坐，安静地聆听着、思考着、沸腾着。就在费孝通讲演到一半时，突然一阵枪声响起。原来反动军警早已偷偷包围了会场，他们用冲锋枪、机关枪、小钢炮对会场上空射击，恐吓现场群众。谁知群众非但没有惊慌失措，反而镇定地伏地听讲，晚会照样进行。气急败坏的特务又将电线切断，同学们又立刻把早已准备好的汽灯点着。突然，一个自称姓王的“老百姓”叫嚷起来，他声称“要代表老百姓讲话”，硬闯上台后大放厥词，为反动派发动内战进行辩解。很快，现场群众发现这个人并不是什么“老百姓”，而是特务头目查宗藩，只听台下一片怒吼：“他是特务，把他拉下去！”“狗特务！滚下去！”在愤怒的声浪中，查宗藩只好耷拉着脑袋，夹着“尾巴”溜走了。

反动势力并没有就此罢休。第二天，国民党中央报纸发表“西郊匪警，黑夜枪声”的消息，捏造事实，污蔑师生们为“匪徒”。联大同学纷

纷拍案而起，要求罢课以示抗议。26 日，昆明学生联合会宣布总罢课，并成立罢课委员会。很快，罢课规模呈燎原之势，至 29 日，参加罢课的学校已达到三十四所。联大教授会也在这一天发表“抗议书”，指出云南省当局 25 日的闹剧实在是“侵犯学府之尊严”，必须表示最严重的抗议。反动派恼羞成怒了，云南省长李宗黄、警备司令关麟征叫嚣“学生有开会自由，我有开枪自由”，限学校于 28 日无条件上课。特务到处横行，他们闯入学校捣乱，遍街殴打学生，气焰极为嚣张。

面对残暴的反动派，学生的反抗意志愈发坚不可摧。他们驳斥谎言，公布真相，罢课活动得到了各界人士的支持。在双方的拉锯战中，斗争更加激烈了。12 月 1 日上午 10 时，腥风血雨终于来临，震动云南、震惊全国的“一二·一”大屠杀开始了！查宗藩赤膊上阵，率领一帮特务打手，奔袭联大、云大各校，撕毁壁报，捣毁教具，殴打师生，并用手榴弹、手枪对付手无寸铁的学生。联大师院的潘琰、李鲁连和昆华工校的张华昌被打死，南菁中学的青年教师于再被手榴弹炸死，被打伤者数十人。

年轻人的鲜血深深地刺痛了朱自清！在这一

天的日记中，他愤怒地记录下反动派令人发指的暴行：“军人及流氓攻击学校各部分，在师范学院掷手榴弹四枚。死亡三人，伤者甚多。”[①] 此时，全国上下也掀起了抗议暴行的浪潮。12 月 2 日下午 3 时，罢课委员会在联大图书馆前的大草坪上举行“一二·一”死难烈士入殓仪式。4 日，联大图书馆设立“四烈士”灵堂，举行公祭，活动历时一个多月，到灵堂祭奠四烈士的群众达十五万人次。同时，教授会决定从 4 日开始停课七天以示抗议。惨案发生之后，教授会派周炳林、汤用彤、霍秉权三位教授向“四烈士”致悼，但是朱自清没有去。他并不是不想对烈士表达深切的悼念之情，而是有更重要的事要做，他要深刻地检讨自我！在宿舍里，他默然静坐，悲愤不已。“一二·一”风暴强烈地震撼着他的心灵，爱国群众奋不顾身的斗争精神令他在自感惭愧的同时，也促使他深刻反省，他深切地感到自己性格中的懦弱，并决心彻底革除。终于在 12 月 9 日这一天，朱自清前往灵堂向四烈士哀悼致敬。

①《朱自清全集》第十卷 378 页，南京：江苏教育出版社，1998 年。

1946年，“一二·一”余波尚未完全平息。一天，一位教师来到朱自清寝室，告诉他学校决定罢课一日，朱自清立即表示赞同。原来，为了平息民愤，行政院决定免去李宗黄所有职务，而国民党最高国防委员会又任命他为党政工作考核委员会秘书长，表面惩戒，实为包庇，此举立刻引起了群众的极大不满与抗议。对于一切争取和平、民主的运动，朱自清都以十分积极的态度进行支持。但是，在相当长的一段时间里，局势的动荡却一直令他心绪不宁，思想纷乱。1月9日星期二，是他排定的考试时间，但由于夜里通宵未睡，直到天亮时才打了个盹。第二天早上他正在穿衣的时候，只听见两个学生咚咚咚的上楼声音，他这才发觉时间已延误了，为了补救，只好将考试改至星期五。对此，朱自清懊恼万分，这是他过去从未发生过的事。

由于对复杂形势的认识不够充分，朱自清也曾不慎做出失误判断。那时有部分教授发动对东北问题的宣言，实际上是国民党党团操纵下针对中共和苏联的反动活动，有人以此征求朱自清的意见，不明真相的他毫不犹豫地签了名，但声明此举不牵涉内政，只是作为一种单纯的爱国行为。过了两天，当他经过图书馆门前时，看到有人在演讲东北问题，会后还有示威游行。可是他事后了解到联大学生极少参加，这才发觉事情的真相，十分后悔在上面签了名。

此时，闻一多因担心自己的政治态度影响到学校，坚决辞掉了中文系主任的职务。重担再次压在了朱自清肩上。4 月，朱自清重新就任清华中文系主任，刚一就任，就有各种事务等着他处理。连续多日，朱自清会议不断，繁忙的工作直接影响到了他的健康状况。5 月 3 日晚，朱自清胃病复发，整夜呕吐，5 月 4 日早晨又吐了许多酸水。虽然已是病痛缠身，疲惫不堪，但他仍坚持工作。第二天上午朱自清准时参加了国文学会，并和系中全体师生合影留念，下午参加了大一国文会与清华系主任会议，晚上又出席了在云南大学至公堂举行的五四文艺晚会。夏丏尊于 4 月 23 日在上海去世，为表示对好友的深切怀念，朱自清特地在大会上做了题为《关于夏丏尊先生》的讲演，详细介绍夏丏尊的生平事迹以及他对文化事业所做的卓著贡献，在场听众无不为之动容。

随着抗战胜利，这学期结束后联大正式解散，北大、清华、南开三校也开始筹措各项复校事宜。这意味着朱自清马上就要回到阔别多年的北平。然而，就在朱自清忙于打点行囊的时候，一封急信传来，陈竹隐生病住进了医院！忧心忡忡的朱自清顾不上多想，放下手中的工作就匆匆赶到机场，等了三个钟头才坐上飞往重庆的飞机。一下飞机，他立刻转乘到成都的汽车，谁知沿途遭逢大雨，导致轮胎破裂无法前行，他只好暂时寄宿在旅馆中。更痛苦的是，连日的奔波劳碌令他的胃病复发了，整整一个夜晚朱自清都呕吐不止。然而病痛并没有让他停下前行的脚步，四五天之后，困顿的朱自清回到了家中。此时陈竹隐正住在刘云波所在的医院休养，朱自清立刻赶往探视。原来陈竹隐患的是心脏病，好在经过治疗已有好转，忧虑多日的朱自清这才放心。然而，他万万没有想到，自己到达成都之日，正是政治形势严峻之时。6 月 26 日，国民党公然撕毁停战协定，先后向中原、华东、晋冀鲁豫、晋绥等解放区大举进攻，狂妄宣称要在三个月内消灭中共力量。全面内战终于爆发了。为了加强法西斯统治，蒋介石把作恶多端的宪兵第十三兵团调进昆明。不论白天黑夜，荷枪实弹的宪警随时闯进民宅，任意搜查，许多工人、学生和民主人士遭到绑架。一时之间，昆明的空气紧张起来。

人心惶惶，山河破碎，茫茫神州，何日安定？纷乱的时局让朱自清心痛不已，在给肖公权的一首长诗中，他将自己的忧虑和哀伤表达出来："凯歌旋踵仍据乱，极目升平杳无畔。几番雨横复风狂，破碎山河天四暗。"① 尽管"雨横复风狂"，李公朴、闻一多等进步人士却没有被反动势力的嚣张气焰吓倒。他们冒着生命危险，到处奔走呼号，揭发反动派制造内战的罪行，动员人民群众联合起来反对内战，反对特务迫害。1946 年 6 月底，民主同盟和各界人士在昆明发起万人签名运动，要求和平。熊熊燃烧的斗争火焰已经势不可挡，一片争取民主自由的声浪已经无法遏制！反动派害怕了，他们加紧秘密策划，妄图置民主斗士于死地。南京国民政府密令昆明警备司令部、宪兵十三团等机关："中共蓄意叛乱，民盟甘心从乱，际此紧急时期，对于该等奸党分子，于必要时得宜处置。"昆明警备总司令霍揆彰奉令后，拟定了逮捕、暗杀民盟负责人的名

①《朱自清全集》第五卷 336 页，南京：江苏教育出版社，1990 年。

单。这份名单上，李公朴被列第一位，第二位就是闻一多，他们都是中国民盟滇支部的负责人。

7月的昆明阴雨连绵，久不见晴，一种死亡的气息笼罩在古城上空。7月11日晚，李公朴和夫人为筹办音乐会找人接洽会场事宜，之后二人前往南屏大戏院看电影。9时49分，夫妻二人在电影散场后乘坐公共汽车回家。这时天正下雨，灯光昏暗，当夫妻二人路经青云街学院坡时，一直尾随在后的无声手枪突然对他们进行袭击。子弹由李公朴后腰射入，贯穿左前腹而出，他顿时扑倒在地，血流如注。紧接着，李公朴被送往云南大学医院救治，但终因失血过多于次日凌晨5时逝世，临终时这位坚强的斗士还在大骂反动派的无耻行径，高呼“我为民主而死”！

李公朴的遇害令各界人士颇为震惊，闻一多更是义愤填膺，拍案而起。作为民盟滇支部的负责人之一，他毅然挺身而出，挑起民盟支部的工作，并亲自料理李公朴的后事，向社会控诉反动派的滔天罪行。作为特务黑名单上的二号人物，此时闻一多的处境已是极端危险。亲友们都劝他赶快避开，但疾恶如仇的闻一多拒绝了家属和好友的劝告。15日下午，他来到云南大学亲自主持李公朴的丧仪。

泣不成声的李夫人上台讲述丈夫李公朴的死难经过，那一声声的血泪控诉令人耳不忍闻。闻一多怒不可遏，他激动地跳上讲台，厉声指着台下喊道：“今天，这里有没有特务？你站出来，是好汉的站出来！你出来讲，凭什么要杀死李先生？杀死了人，又不敢承认，还要诬蔑人，说什么‘桃色事件’，说什么共产党杀共产党，无耻啊！这是某集团的无耻，恰是李先生的光荣！李先生在昆明被暗杀，是李先生留给昆明的光荣！也是昆明人的光荣！”他激动地宣称：“你们杀死了一个李公朴，会有千百万个李公朴站起来！”“我们不怕死，我们有牺牲的精神，我们随时像李先生一样，前脚跨出大门，后脚就不准备再跨进大门！”[①] 话音刚落，掌声雷动，整个会场都为之沸腾了。然而，谁也不会想到，闻一多的这番话竟然一语成谶，成为他人生中的最后一次演讲。

散会后，闻一多匆匆前往府甬道民主周刊社，他要出席民盟滇支部针对李公朴被害事件举行的记者招待会。在会上，他详细揭发了国民党

①闻一多：《最后一次的讲演》，《中国人的骨气》2－4页，北京：中国工人出版社，2013年。

反动派破坏政治协商决议以及发动内战的经过。连日来的紧张空气，让闻夫人十分担心丈夫的安危，于是在四点多钟会议快要结束时，她让儿子闻立鹤到会场接闻一多回家。5 点 10 分，当父子俩走到距联大宿舍仅十步远的地方，突然从后面追上两个便衣特务。罪恶的枪声接连响起，其中一发子弹正中闻一多头部，闻一多应声倒下，血如泉涌。立鹤见状立即扑在父亲身上，大声呼救，混乱之中也被手枪击倒。后来，经医院全力抢救，立鹤终于脱险。然而全身中弹的闻一多却因伤势过重壮烈牺牲！李公朴、闻一多的相继遇害震惊了各界人士，这就是骇人听闻的“李闻血案”。

闻一多遇害的消息强烈地刺痛了朱自清！他是从 7 月 17 日的成都报纸上得知这一噩耗的，痛惜之余，他感到极大的震惊。在《日记》中他这样写道：“此诚惨绝人寰之事。自李公朴被刺后，余即时时为一多之安全担心。但绝未想到发生如此之突然，与手段如此之卑鄙！此成何世界！”连续多日，闻一多的音容笑貌在朱自清脑海中不断浮现，久久挥之不去。闻一多那对革命的如火热情、对祖国的深深挚爱和对未来的不懈追求，在朱自清心中留下了不可磨灭的印记。朱自清不禁想起多年前的一天下午，和闻一多坐在各自书桌前闲谈，后来不知怎的推测起各人的年寿，闻一多充满信心地说：“我可以活到 80 岁。我的父母都是 80 多岁才死的。我向来除了伤风没害过什么病，活 80 岁总是可以的。”朱自清自己则伤感地说道：“你活 80 多岁大概不成问题，你身体好。清代考据家多半是大年岁。我不成，我只希望 70 岁。”说罢朱自清摇了摇头。两人都沉默了，过了一会儿，朱自清一面翻看着书，一面自言自语地嘀咕：“70 岁还太多了，60 岁也够了。”然而未曾想到，那个踌躇满志的人竟然走在了自己的前面！人事究竟是怎样的无常啊！生命有限，世事难料，人应该要怎样活着？生命的价值又是什么？他扪心自问。想想好友，再反观自己，血光似乎在一刹那间照亮了他的眼睛，照亮了他的灵魂。正如鲁迅所言：“真正的勇士，敢于直面惨淡的人生，敢于正视淋漓的鲜血。”闻一多的壮烈牺牲，唤醒了朱自清沉睡已久的战斗激情，他的热血又开始沸腾，他的灵魂又开始呐喊。从这刻开始，朱自清一改过去的羸弱书生形象，开始成为一名英勇不屈的精神斗士。

朱自清的反抗从积极参加纪念闻一多的各种

活动开始。21 日，西南联大校友会召开一多先生追悼会，朱自清出席并发表讲话。他激愤地说道：“闻一多先生在昆明惨遭暗杀，激起全国的悲愤。这是民主主义运动的大损失，又是中国学术的大损失。”接着，他突出强调了闻一多在新诗创作方面的贡献，并且详细介绍了挚友在神话、《楚辞》《周易》和《诗经》等研究领域的巨大成就。这样的一番叙说，激起在场群众对敌人更大的愤恨：如此不可多得的学术人才，却牺牲在国民党反动派的暗枪之下，这是何等令人痛惜！最后他悲愤地说：“他有着强大的生命力，常跟我们说要活到 80 岁，现在还不满 48 岁，竟惨死在那卑鄙恶毒的枪下！有个学生曾瞻仰他的遗体，见他‘遍身血迹，双手抱头，全身痉挛’。唉！他是不甘心的，我们也是不甘心的！”追悼会过后，朱自清继续为相关事宜积极奔走，不辞辛劳。8 月 4 日，朱自清参加北大校友会，晚上出席清华校友聚餐会，席间他又讲演闻一多生平事迹，表示深沉的哀悼，会后为闻氏家属筹得捐款十七万元。

为了表示对敌斗争的坚定态度，也为了延续闻一多的学术血脉，朱自清下决心一定要把闻一多的全部遗著整理出版，他给学生王瑶写信说：

“一多先生之死，令人悲愤。其遗稿拟由研究所同人合力编成，设法付印。此事到平再商。”[①] 不知不觉间，距离闻一多牺牲已经有一个多月了。在这段时间里，朱自清常常浸沉在对好友的思念中。8 月 17 日深夜，他仿佛再次听到那惊雷般的声音在大声呼号“咱们的中国”，闻一多对学术的孜孜以求和对光明的执着企盼在朱自清的脑海中愈发清晰。坐在桌前，朱自清不禁提笔写道：

你是一团火，
照彻了深渊；
指示着青年，
失望中抓住自我。
你是一团火，
照明了古代；
歌舞和竞赛，
原始人群力如虎。
你是一团火，
照见了魔鬼；
烧毁你自己——

①王瑶：《念朱自清先生》，《王瑶文集》第 5 卷 558 页，太原：北岳文艺出版社，1995 年。

遗烬里爆出个新中国！[1]

“你是一团火”，朱自清也被这团熊熊燃烧的烈火照亮了。回溯十多年前，他尚在为要往“那里走”的问题感到忧思苦闷。虽然意识到自己正在往故书堆里钻，但他愿意在这条路上一直走下去，哪怕这是一条死路。可是现在，在民主浪潮的冲刷下，朱自清思想中的阴影开始彻底消散。他清醒地意识到，逃避没有出路，钻进故书堆中寻求精神麻痹更是在掩耳盗铃。只有发扬闻一多那种不怕烧毁自己的战斗精神，建立一个新中国的理想才能实现。困扰自己多时的“那里走”问题终于解决了！他大声疾呼，奋力奔走，要冲出象牙塔，走到人民中去。这预示着朱自清的思想已结束了中间状态，迈出了从学者到战士坚实的一步。当时，成都各界积极举行“李闻惨案”追悼大会，有的人听闻有特务要来捣乱便吓得不敢去了，朱自清却总是毅然前往，不仅慷慨激昂地介绍闻一多的生平事迹，颂扬他火一样的革命精神，而且严厉控诉特务罪行，向反动当局提出抗议。

---

①《朱自清全集》第十卷418页，南京：江苏教育出版社，1998年。

1946 年 10 月 7 日，在阔别八载之后，朱自清和家人终于踏上了重返北京的归程。抗战刚刚胜利时，归来的心情难以抑制。可是一年之后，那种急迫的心情似乎淡了下来。离开多时，想象中的北平更是动荡不安、飘摇纷乱。可是当飞机飞过北平城上空时，他向舷窗外望去，只见棋盘似的房屋中间点缀着绿树，紫禁城一片黄琉璃瓦，在晚秋夕阳的映照下显得格外美丽。这是他第一次在飞机上看北平，而且是在阔别八载之后，心中更是激动不已。此情此景之下，朱自清不由地忘怀了一切，想起北平许多好处来。

一到北平，朱自清就以全方位的视角重新感受这座城市的方方面面。先是粮食价格贵得凶，而这是人人要吃、日日要吃的生活必需品，因此他感到这仿佛是笼罩北平的一个浓重阴影。他将北平和西南几个大城市做比较，觉得粮食之外的必需品倒不缺少，古色古香的玩意儿就更多了。小市场里和地摊上到处都是价格低廉的旧家具和小玩意儿，就连不大有耐心闲逛的朱自清也留意起来。另外，在朱自清的感觉中，北平的生活仍然和以前一样闲散。电车和公共汽车是慢吞吞的，都要等很久，而乘客有的是闲工夫，慢点儿

无妨，多等些时候也无妨。卖票人有时还在中途站从容不迫地给争着上车的客人排难解纷，真算是闲得可以。这跟重庆的快节奏可谓大相径庭，那儿的公共汽车虽然不漂亮，可是无论上车下车还是买票卖票都很快。北平的学术氛围非常浓厚，很多大型报刊都有水准很高的副刊。不过，朱自清从这许多细节中还是感受到了这座城市的萧瑟。一个星期天，朱自清带孩子们去逛北海，发现漪澜堂的茶座上只有寥寥几个人，伙计在向一位客人说没有点心卖，因为客人少，所以不敢预备。朱自清敏锐地察觉到，许多中等经济的人家手边也都紧张起来了。

北平的治安状况使朱自清感到不安。一个星期六的晚上，他们全家人和一位姓赵的朋友去西单商场，买完东西他和朋友先回去了，陈竹隐和两个孩子回来时，经过宣武门的一个小胡同，刚进胡同口不远，就听见一声“站住”！向前一看，十步开外站着一个人，正从黑色的上衣里掏着什么。说时迟，那时快，陈竹隐顺着灯光一瞥发现那人掏出来的居然是一把明晃晃的尖刀！她和孩子们大声惊叫着往胡同口跑，不料母子三人都绊上石头摔倒了。他们爬起来回头望去，发现那个人已转身向胡同那头跑了，看样子是个刚走这道儿的新手，也许是走投无路才来铤而走险的。报纸上常有路劫的记载，从前虽然也有，可没有那么多。由此，朱自清又感到，北平的的确确是不同于以往了。

令朱自清不满的还有北平混乱的交通管理。他刚回来一个礼拜，就有五六个人死于车祸。这种交通混乱和美国军车的横冲直撞有关系，警察出于害怕不敢规范约束它们，却对三轮车耀武扬威，毫不客气。一天，他和陈竹隐上街，在宣武门附近看见一辆三轮车横在胡同口和人讲价钱，一个警察走来，不问三七二十一，抓住车夫就是一顿拳打脚踢。朱自清勃然大怒，上前和警察讲理，高声说道："你打他做什么！他是为了生活呀！"在回来的路上，他和陈竹隐说："八年沦陷，难道他们还没有受尽敌人的苦头吗？现在胜利了，为了生活抢生意，凭什么该挨打？真可恶！"刚胜利时，他日夜盼着回来，可现在看到这些情形，心都冷了。[①]

朱自清一家回到北平后先住在国会街北京大

① 朱自清：《回来杂记》，《标准与尺度》，北京：生活·读书·新知三联书店，2014 年。

学四院，随后迁回清华北院16号旧居。多年的颠沛流离使朱自清的身体更加不如从前，整个人呈现出与实际年龄极不相符的龙钟老态。李长之到国会街去看他时，不禁大吃一惊："我见了他，却又有些黯然了。他分外地憔悴，身体已经没有从前那么挺拔，眼睛见风就流泪，他随时用手巾拂拭着，发着红。我们没能谈什么文艺，他很关切地问到我的母亲，太太，小孩等。宛然是一个老人所关切的事了！"[①] 然而，饱受病痛折磨的朱自清并未因此停下手中的工作，他仍然积极参与《新生报》副刊《语言与文学》的创刊筹备事宜。副刊之所以取这个名字，是为了纪念闻一多，因为他曾于战前办过同名的刊物。朱自清忙里抽闲，坚持为副刊每周写一篇"周话"。

11月，在清华大学校长梅贻琦的组织下，朱自清等七人受聘组成"整理闻一多先生遗著委员会"，朱自清被指定召集人。月底，委员会召开了第一次会议，商讨有关编辑事宜。闻一多遗著的整理工作在朱自清的主持下紧锣密鼓地展开了。

---

①李长之：《杂忆佩弦先生》，《李长之文集》第2卷367页，石家庄：河北教育出版社，2006年。

高举投枪复前行（1946—1947）

朱自清曾在给友人的信中说道：“一多的事我要负责，要出版他的著作，照顾他的家属。”他意识到这不仅是对好友闻一多的最好祭奠，而且是同反动派进行斗争的有力举措，所以决心下大力气来推进这项工作。1947 年开春以后，朱自清紧接着召开了整理闻一多遗著委员会会议，布置了闻一多全集的目录拟定工作。一切工作已准备妥当，他立即投入到撰写工作中。

一天，朱自清正在书房里埋头写作，吴晗突然前来拜访。一见面，吴晗就递过一份反对当局任意逮捕人民的抗议书草稿，希望征求朱自清的意见。原来，为了求得美国的援助进行内战，蒋介石大肆出卖中国主权，致使驻华美军肆无忌惮，无恶不作。1946 年 12 月 24 日，北京大学先修班女学生沈崇像往常一样走在去看电影的路上，她无论如何也没有想到，魔爪正在伸向自己。两名驻华美军尾随其后，趁机将她绑架并对其施暴，这一恶性事件立刻激起了广大人民群众的愤怒。12 月 27 日，北京大学千余名学生举行抗暴集会，并成立了北京学生抗议美军暴行筹备会。

30 日，北大、清华、燕大等校五千余名学生举行示威游行抗议美军暴行。1947 年 1 月，全国有十个城市五十万名以上学生举行示威。为了扑灭愈烧愈旺的爱国火焰，国民党反动政府以清查户口为名，在北平逮捕了两千多人。吴晗拿来的抗议书就是针对这次逮捕行动的，朱自清了解清楚原委后二话不说就在上面签了名。这就是当时有名的十三教授宣言。宣言在报纸上发表时，朱自清的名字排在第一个。对此，反动势力发动各家报纸对朱自清进行诽谤，国民党特务也曾三次光顾朱家。一位好朋友告诉陈竹隐，他在燕京大学看到国民党的黑名单，其中第一个就是朱自清。陈竹隐将这一消息告诉朱自清，要他小心些。朱自清只是轻蔑地回应道：“不用管它！”陈竹隐着急地反问：“怎么？你准备坐牢吗？”“坐就坐！”他坚定地回答。

连年战乱加上繁重的工作，已经使朱自清的身体不堪重负，但他的精神状态却是从未有过的高昂与坚定。那时，国民党特务经常在清华园里抓人。每次抓人，朱自清都要为学生们捏一把汗，朱家也成了进步学生躲避抓捕的避风港。一天，他胃病复发躺在床上，听说外边又在抓人，便很焦急地对陈竹隐说：“你注意听着门，怕有学生要来躲。”陈竹隐听闻此言，在屋里紧张地听着外面的动静。没过多久真就响起了敲门声，陈竹隐马上去开门，只见一个神色慌乱的女生跑了进来。朱自清总是尽一切可能帮助进步青年。一次一个进步学生要到解放区去，来找朱自清借路费，当时朱自清自己手头也很紧张，但他还是从保姆那儿借钱凑了二十元给了学生。还有一次，他介绍一个进步学生到通县潞河中学教书，不久这个学生就到解放区去了。后来有人扬言这个学生领了一个月工资没工作就走了。朱自清听说后非常生气地说：“要是他领了一个月工资没工作就走了，我赔钱。”为此，朱自清专门请人去潞河了解情况，结果证明根本没有这回事，而是别人故意中伤这个学生的。

朱自清的思想在不断地发生与时俱进的变化。前些年，朱自清还极力肯定中年人的稳健，如今却完全站在年轻人一边，充分肯定他们的勇气、见识与气节。他认为青年人才是名副其实的新中国的主人，这时代是属于青年人的。因此，他总是虚心地向他们学习。曾经有一个青年人写过一篇文章，说朱自清被青年人拉着向前走，朱自清看过之后，不但勇于承认这一点，而且盛赞这篇文章写得很好。每当他写完一篇文章，一定会让青年教师先看，还一定要他们提出意见；他也关心青年人的成长；对他们写的文章很关怀。对此，李广田感触颇深：

> 我自己的文章在未发表前本不愿给别人看的，尤其不肯叫朱先生看，因为怕耽误他的时间，然而朱先生却不放松，他知道我在写文章，不等写完，他就说“写完了让我看看。”他看过了，也一定说出一些意见，而且他看得特别仔细，错字，错标点，他都指出来，用铅笔在原稿上作了记号，他这种坦白认真的精神，往往令人惭愧自己不够坦白，更不够认真。①

朱自清对青年的赞许态度也使得他们愿意和他接近。1947 年 3 月 8 日，北大文艺社与清华文艺社在清华园组织了一场联欢会，同学们决定请朱自清参加。不仅因为朱自清对人平易随和，什么话都可以在他面前谈，更重要的是，他能够提

---

①李广田：《朱自清先生》，《李广田全集》第 5 卷 178 页，昆明：云南人民出版社，2010 年。

供很多材料和比较公正的意见。晚会地点在 304 教室，主题是“一年来我与文艺”，同学们争相发言。他们有的倾诉创作的苦闷和发表文章的困难，有的承认自己眼高手低的缺点，朱自清静静地靠在椅背上，专心地聆听大家的发言。当主席请他讲话时，他谦逊地说：“还是听听你们的意见好，你们刚才提到的许多名词，我懂是懂得一点，不过我新书看得太少，总觉得不大接头。”他为同学们介绍自己近来看的十多年前的一本旧书，主要是谈文艺上的“距离”问题的。那时很多人主张文艺与现实应当有距离，不过这本书主张不一定要有距离，文艺应当密切地和现实联系起来，这个观点跟这些年轻人的主张不谋而合。朱自清说道：“在这个原则之下，我们应该眼光望地下看，不是望天上，可是写惯了以前的写法的人，这一来，不是感觉到‘眼高手低’，反倒是‘眼低手高’了。”这种有趣的提法引起了同学们的兴趣，会场立刻活跃起来。后来，大家又谈起其他问题，场面十分热闹。晚会结束时主席又请他讲话，面对着一张张年轻的面孔，他语重心长地说：“要多写，可以从写通讯练习起，要多多观察，要多听，一位外国作家常常到街道上

去记听到的语言，这种做法对我们很有帮助。”

由于现实斗争的需要，朱自清的创作动力更加饱满。他要严肃地观察、分析现实矛盾，认真地思考人生问题，并且以笔作为武器同反动势力进行不懈的斗争。同时，他的创作视野更开阔了，眼光也从个人小天地转向广阔的社会背景。杂文作为抨击黑暗现实的利器，开始得到朱自清的青睐。他认为杂文是开辟时代的开路先锋，尤其是鲁迅的杂文，虽然简短却凝练，能够尖锐得像匕首和投枪一样战斗，令人百读不厌。他要向鲁迅学习，高举起锐利的投枪向着黑暗发起猛烈的冲击。

在对敌斗争的同时，朱自清也对自身进行深刻的反思。这一段时期，他对知识分子问题进行了系统的梳理和深入的思考，工作之余就到图书馆搜集资料，撰写这方面的文章。4 月 11 日，朱自清进城参加国语推行会，当晚，应清华通识学社的邀请，在清华文法讲讨室发表了题为《谈气节》的演讲。他从历史发展的角度入手，在批判传统知识分子气节标准的同时，点明了五四以来知识分子的思想变化，通过这种古今对比，更加肯定了现代知识青年的大无畏精神。之后，他把这次讲话的内容整理成文章，发表在 5 月 1 日出版的《知识与生活》上。除了这次演讲，他还写了《论书生的酸气》和《论不满现状》两篇文章来表达自己对于知识分子问题的看法。在《论书生的酸气》一文中，他严厉地批判了历代知识分子固守清高、与现实脱节的迂腐习气，对他们进行了无情的讽刺和嘲弄，并由此肯定五四之后知识分子抛弃自命不凡的姿态、脚踏实地走向时代前列的做法。在《论不满现状》一文中，他明确指出知识分子应该走出象牙塔，走到人群中，改变令人不满意的苦闷现状。这些文字流露出的是朱自清思想上的重要转变。二十多年前，他是那样地偏爱着自己的小资产阶级。虽然意识到它必然走向没落，但是他没有勇气走向新的生活道路，只能在迷茫苦闷中钻进国学的世界中寻求寄托。而现在，他却站在时代的潮头以锋利的笔锋来批判自我，真正做到了“促进自己的灭亡”。

冬去春来，气温回暖，到处呈现出一派生机。朱自清身体似乎也好了一些，连日忙于参加各种社会活动。4 月 9 日，清华新诗社举行“诗与歌”晚会，这是为庆祝联大新诗社成立三周年特地举办的活动，朱自清被邀请进行《闻一多先生与诗》的演讲。闻一多曾是“新诗社”的导师，在他的指导下，社团在诗歌创作方面取得了很大成绩，因此纪念活动自然也离不开对这位民主斗士的深情追思。朱自清详细介绍了闻一多诗歌创作的成就和理论主张，并对这位爱国诗人的牺牲表示沉痛的哀悼和惋惜。5 月初，他在参加了北大文艺社、新诗社举办的两场晚会后，又出席了清华的五四文艺晚会，并做了题为《论严肃》的演讲，探讨了文学严肃性与文艺性的关系问题。

这一时期，朱自清不仅在思想上走向人民大众，还开始大量接触解放区的作品，那些文艺作品成为他了解解放区现实生活的一面镜子。在众多作品中，朱自清最喜欢的是赵树理的小说。一天，几个同学到他家拜访，朱自清兴致很高地坐在藤椅上跟学生们谈笑风生。谈话间，一个同学提到新近出版的《北方文丛》，征求他的意见。朱自清说：“我看到的不多，但我觉得《李有才板话》很好，我要写一篇文章评论它。”这篇文章就是《论通俗化》，他热情地赞扬赵树理的作品“朴素，健康，而不过火”[1]，认为赵树理的

[1] 朱自清:《论通俗化》,《标准与尺度》42 页，北京：生活·读书·新知三联书店，2014 年。

《李有才板话》之所以能够用新的语言写出新的故事，在于作者和那些农民共同生活了很久，有扎实的生活积累和积淀。对此，他精到地点评道："故事简单，有头有尾，有血有肉。描写差不多没有，偶然有，也只就那农村生活里取喻，简洁了当，可是新鲜有味儿。"①

能够以大众喜闻乐见的方式呈现出来是文学走向大众的基础，这是朱自清从赵树理的创作中得到的宝贵启示。因此，他对于很多广受欢迎的新鲜艺术形式特别关注。当时，朗诵诗创作十分流行，清华学生也经常召开诗歌朗诵会。一开始，朱自清对这种诗歌形式持怀疑态度，觉得它不是诗，至少不像诗。但在参加了几次朗诵会，听了许多朗诵后，他渐渐改变了最初的想法，他开始觉得听的诗歌跟看的诗歌的确有不同之处，有时候同一首诗看起来并不觉得怎样，可是听起来却觉得很好。就像朱自清多年前看过的《大堰河——我的保姆》，当时读的时候并没有注意到它，可是在 1945 年昆明西南联大的五四朗诵晚会

①朱自清:《论通俗化》,《标准与尺度》42 页,北京:生活·读书·新知三联书店,2014 年。

上，重新听到闻一多朗诵这首诗时，他从闻一多那抑扬顿挫的声调里领会到了这首诗的深刻的情调。会场里的上千听众也都领会到了，他们纷纷报以热烈的掌声，这段朗诵也成了当晚最精彩的节目。朱自清自己也在课堂上朗诵学生何达的《我们开会》《不怕死——怕讨论》给同学们听，效果很好。当他第一次独自看的时候觉得喜欢第一首，可是一经在教室里诵读，却觉得第二首更有劲儿。后来，他托人设法出版了何达的诗集《我们开会》，还特地写了一篇《今天的诗》进行评介，他说道："抗战结束了，开始了一个更其动乱的时代。这时代需要诗，更其需要朗诵诗。"①

朱自清意识到，朗诵诗的写作者虽然是个人，但其实是群众的代言人。朗诵诗是群众的诗，更是集体的诗。一次，他去北大参加一个诗歌晚会，听到了诗歌《米啊，你在哪里?》的朗诵，现场听众都觉得效果很好。他觉得朗诵诗虽然有点标语口号似的不够诗味儿，但短小精悍很有劲儿。散场之后，朱自清和一位朋友讨论起来，那位朋友承认朗

---

①朱自清:《今天的诗——介绍何达的诗集〈我们开会〉》,《朱自清全集》第四卷501页,南京:江苏教育出版社,1996年。

诵诗的效用，但觉得这只是暂时为时代所需要的，不像别种诗可以永久存在下去。朱自清不同意他的观点，认为虽然各时代各地域的生活方式也许不一样，但是集体化的趋势要延续下去，那么朗诵诗也会像杂文一样，跟着这个趋势延续下去，发展下去，存在下去。朱自清已经从当初那个“为人生”的诗人，转变成为大众诗人了。

抗战胜利后，无数民众对于光明和希望的美好期待彻底化为泡影。他们面临的是货币贬值、物价暴涨、市场萧条，广大人民依然挣扎在饥饿线上。为了生存，他们不得不奋起反抗，十七万城市贫民掀起了广泛的抢米、“吃大户”等热潮。1947年5月4日，在中共地下党的领导下，上海学生举行示威游行，提出“要饭吃，要和平，要自由；反饥饿，反内战，反迫害”。18日下午，北京大学、清华大学等校的宣传队前往西单、王府井、前门、东四四区进行街头宣传。当北京大学的一个宣传队到达西单商场对面的街上进行宣传时，遭到突然袭击，三十多名手无寸铁的学生被当街暴打。这一天，北京大学有八名学生受伤，西单血案令华北各校震惊了。5月20日，北平的三万名大中学生再次举行示威游行，喊出了要饭吃、要民主的口号。

朱自清十分同情那些挣扎在死亡线上的贫民。他本来对抗战寄予着那么殷切的希望，现在却只能发出痛苦的喟叹：“胜利突然到来，时代却越见沉重了。”[①] 是的，胜利的到来并没有让民众的生活得到任何改善。抗战胜利前，朱自清就在成都看到过“吃大户”的饥民，时过境迁，群众依然挣扎在水深火热之中，他只能无奈地感慨：“抗战胜利后的中国，想不到吃饭更难，没饭吃的也更多了。”[②] 此种情形，令朱自清难以抑制满腔的怒火，他要为千百万饥民呼吁，与反动当局进行坚决的斗争。为了配合当时反饥饿、反迫害、争民主、求解放的潮流，他写了一篇题为《论吃饭》的文章。文章通过“吃大户”事件，将反动政权的本质彻底暴露在民众面前。不仅如此，他还热烈赞扬了人民的觉醒和伟大的集体力量，他们不再是安贫乐道的顺民，也不再是安分守己、任人摆布的工具，集体的行动是压不下也打不散的，他对群众斗争的前途充满了信心。

---

①朱自清：《论严肃》，《朱自清散文》400 页，武汉：长江文艺出版社，2013 年。

②朱自清：《论吃饭》，《朱自清散文》254 页，北京：人民文学出版社，2014 年。

为了配合当时的斗争，文艺创作出现了一些标语口号。朱自清本来十分讨厌标语口号，但是现在他开始用一种更为理性的眼光去思考这些标语口号存在的合理性：“这值得我们想想，为什么会如此呢？是一般人爱起哄吗？还是标语口号的确有用，非用不可呢？”① 标语口号往往就是这种集体运动的纲要，不但能够唤醒集体的人群或民众起来行动，而且可以帮助他们迅速组织起来，以最有力的姿态迎接战斗。人们要求生存，要求吃饭，这种“起哄”或“叫嚣”反而是表达合理诉求的最为直接有效的途径。因此，“符咒”也罢，“魔术”也罢，只要有效，只要能达到人们的要求，达到人们的目的，未尝不好。他认定“标语口号正是战斗的武器”②。正因为如此，他特别强调标语口号不能过于泛滥，要有现实性和针对性。那种用来装门面或者只图好看好听的做法是不可取的，也无法真正发挥领导群众的实际效用。

经过几个月的奋斗，闻一多全集的整理工作

---

①朱自清：《论标语口号》，《标准与尺度》43 页，北京：生活·读书·新知三联书店，2014 年。

②朱自清：《论标语口号》，《标准与尺度》46 页，北京：生活·读书·新知三联书店，2014 年。

已近竣工。5月25日下午，朱自清邀请了中文系十二位同仁，集体校对遗稿，重新编排全集次序。对闻一多全集的编辑工作，朱自清花费了很多精力，他觉得闻一多是个精神集中的人，其专心致志很少有人能真正赶得上。这种专心致志不仅体现在学术研究方面，更在领导行动中发挥了作用。在云南蒙自的时候，闻一多住在一个洋行的楼上，终日做研究工作，一刻也不放松，除了上课，绝少下楼，因此被同事送了一个“何妨一下楼主人”的外号。朱自清认为闻一多之所以成就这么斐然，就得益于他的集中。这半年来，他细读闻一多手稿，越发感佩不已，觉得闻一多“见解固然精，方面也真广，不折不扣超人一等”[1]。面对这样内容丰富、抄写工整的手稿，朱自清甚至有些不敢下手了。整理过程也极艰苦，第一批稿子从昆明运来时，箱子进了水，有些霉得揭不开，编委会赶紧请专门的人来揭，有的揭破了些，有的虽然未破，也斑斑点点的，幸而重要的稿子都完整，就算是有点破损的，也不至于妨碍编辑工作的进

①朱自清：《〈闻一多全集〉编后记》，《朱自清全集》第四卷498页，南京：江苏教育出版社，1996年。

展。朱自清对这些宝贵的遗稿十分珍惜，保管很严。7月中旬，北大学生要举办闻一多遗著展览，他们要闻一多的弟弟闻家驷提供资料。当时闻一多的遗稿全部存在清华，由朱自清亲自保管。于是闻家驷到清华找朱自清商量，朱自清将一部分手稿挑选出来，写好目录，并郑重地在后面写道："家驷先生经手借给北大同学主办的一多先生周年纪念遗著展览用。"写完后递给闻家驷，请他签字，朱自清这种认真负责的态度使闻家驷十分感动。

闻一多全集的编辑工作终于告一段落，不过朱自清还有一项重要的工作要完成，他要对闻一多走过的道路进行仔细的回顾和梳理，为全集写一篇序。虽然是自己十分熟悉的人，但要把他的革命精神和风格充分地展现在世人面前并不是一件容易的事情。炎炎酷暑，朱自清把自己关在书房里字斟句酌。文章一开始，他便精准地概括道："闻一多先生为民主运动贡献了他的生命，他是一个斗士。但是他又是一个诗人和学者。这三重人格集合在他身上，因时期的不同而或隐或现。"[①] 朱自清清晰

---

①朱自清:《闻一多先生怎样走着中国文学的道路》,《论雅俗共赏》130页,北京:生活·读书·新知三联书店,2014年。

地划分了这些不同时期：从参加《北平晨报》的诗刊到任教青岛大学，是闻一多的诗人时期，这以后直到 1944 年参加昆明西南联合大学的五四历史晚会，是闻一多的学者时期，以后两年多的时间，是他的斗士时期。“学者的时期最长，斗士的时期最短，然而他始终不失为一个诗人；而在诗人和学者的时期，他也始终不失为一个斗士。”[1] 沿着这样的思路，朱自清细致回顾了闻一多的生活思想轨迹。这篇题为《闻一多先生怎样走着中国文学的道路》的“闻一多全集序”精要地总结了闻一多辉煌战斗的一生，等到完稿时，已是 8 月将尽了。随后，中文系为毕业生召开了欢送会，朱自清在讲话中勉励同学们要有脚踏实地的实干精神，他说：“青年人对政治有热忱，是很好的事，但一个人无论做中学教员或其他职工，一定要先把应该做的本分工作做好，这样人家才会相信你。”

又是一个学期过去了。11 月 22 日是朱自清的五十大寿，这天晚上陈竹隐烧了几道菜，全家

---

①朱自清:《闻一多先生怎样走着中国文学的道路》,《论雅俗共赏》130 页,北京:生活・读书・新知三联书店,2014 年。

正如叶圣陶所说，朱自清对个人的利益得失并不介怀。然而一旦关涉气节、原则等问题，他的处理似乎就没有那么“宽容”了。有些达官贵人请他吃饭，都被他无情地拒绝了。一次有一个“名流”出高价要他写一篇“寿序”，结果吃了闭门羹。朱自清轻蔑地对人说：“那些人有什么功德可歌颂的?”当时，北平一些知识分子创办了一个中间路线的刊物《新路》，创办人大多数是朱自清相交多年的老朋友。他们派吴景超来邀请朱自清加入，给的稿费特别高，却被他断然拒绝了。对此，吴晗回忆道：

> 当时教授阶层的生活已经到山穷水尽的地步，朱自清先生不但因为人口多，特别穷困，还带着一身重病。为了补助生活，这时期他写了很多文章。《新路》为了纠合“民主个人主义者”进行反人民的活动，用利诱的方式，出的稿费特别高，在这种情况下，朱自清先生不为利诱，坚决不走中间路线，并且和他们划清了界限。①

①吴晗:《他们走到了它的反面》,《朱自清研究资料》59页,北京:北京师范大学出版社,1981年。

所谓中间路线就是企图在国共两党之间走一条所谓不左不右、不偏不倚的“中间道路”。朱自清过去一度坚持中和思想，但是思想发生转变后的他对这条路线不以为然，他曾对陈竹隐说：“以后中间路线是没有的，我们总要把路线看清楚，勇敢地向前走去。”沉吟了一下，他又说道：“这不是简单容易的事，我们年纪稍大的，也许走得没有年轻人那么快，就是走得慢，也得走，而且得赶着走。”3月间，国民党推出了“行宪国大”① 的闹剧，清华有个别教授参加竞选，他们跑来要朱自清帮忙投自己一票，朱自清斩钉截铁地告诉他们：“胡适是我的老师，我都不投他的票，别的人我也不投！”有一个竞选立委的也找上门来请他签名赞助，朱自清也明白了当地对他说：“我不能签名，但并不是反对您。”

朱自清对结交所谓的权贵名流并不热衷，但对于真挚的朋友情谊极为看重。3月19日，李广田来访并告诉他那一天是杨晦的五十寿辰。杨晦

①“行宪国大”：蒋介石为使其统治合法化，决定1948年为行宪年。所谓行宪，就是开始实行民主宪政，并按照宪法规定选举总统，实行总统制。

原名杨兴栋，是朱自清的北大同学，毕业后一直没有联系。在抗战前三四年，杨晦已经成名，但是朱自清并不知道这就是自己的同班同学杨兴栋，直到有人向他介绍，他才对上号来。时隔多年，朱自清依然清楚地记得老同学的小坎肩儿和沉默。现在他从李广田处得知杨晦的消息，便立即给杨晦寄去一封信，庆祝他的五十寿辰。

第二天，朱自清进城参加杨晦的寿辰纪念会，多吃了一点东西，回来后剧烈呕吐，只能在家休养。但他闲不下来，稍微觉得好一点，就要起床找些事情做。他把多年来写的有关语言和人情世态的短文收集起来，编成《语文影及其他》一书，这本书是他编定的最后一个集子，但直到 1985 年，这本书才由中国文联出版公司印行。朱自清在病中还与叶圣陶、吕叔湘合作编辑了《高级国文读本》，在四、五两个月中，又出版了《语文零拾》《标准与尺度》《论雅俗共赏》三本书。

繁重的工作和事务使朱自清长时期处在超负荷运转的状态中，他的身体每况愈下。4 月 26 日这天是俞平伯父亲的生日，朱自清特地进城到俞家祝贺，晚上又被朋友约去东兴楼聚餐。结果回来后夜里胃部疼痛不止。朱自清的病情越来越严

重了，饮食稍不留意吃下东西就吐。5 月 15 日，他在妻子的陪同下进城去中和医院检查，被诊断为胃梗阻。医生认为必须要手术治疗，但朱自清考虑到昂贵的费用难以承受，只好作罢。6 月 1 日，他坚持着去参加了一个会议。身体极度虚弱的他感到异常疲劳，几乎没法走回来，回到家后立即卧床不起。第二天，他开始剧烈呕吐，接下来几天连起床走动一下都很吃力，体重也从 45 公斤一下子降到 38.8 公斤。病床上的朱自清还时刻记挂着上课的事情。他已接连讲授了三年“中国文学史”，戏曲小说部分却一直未曾涉及，而且他刚把相关的书籍买好，准备以新史观写一部深入浅出的《中国文学史》。材料虽已齐备，无奈因身体不好不能动笔。学生王瑶闻讯前来探望，他用细弱的声音对王瑶说：“如果过三四天还不能起床，就请你代上‘中国文学史’和‘中国文学批评’这两门课。”可是，在休息了两天后，朱自清觉得身体稍有康复，就又勉强去上课了。

在最痛苦的时候，朱自清始终以乐观的精神与坚强的意志支撑着自己。唐代诗人李商隐有两句诗：“夕阳无限好，只是近黄昏。”近人吴兆江反其意而用之，改作“但得夕阳无限好，何须惆人聚在一起为他祝寿，一家人其乐融融。第二天，他的学生王瑶等来他家里，提议为他举办五十诞辰庆祝会。朱自清对学生们的好意表示感谢，但对他们的提议婉言推辞：“明年再说吧，明年才是五十足岁！”可是，谁能料到，朱自清未能等来这一天。

何须惆怅近黄昏（1948）

偌大年纪还和男女青年一起扭秧歌，这一行为在当时有些人看来是极其可笑的，可是朱自清却有两次这样的经历。一次是1947年10月，正值新学年伊始，中文系照例要举办迎新大会，而其中最为热闹的便是扭秧歌项目。欢快的音乐响起，师生们配合着节拍一起进三步退一步地舞起来。瘦弱的朱自清，迈着不自然的步子起劲地扭着，惹得青年学生们哈哈大笑。另一次是在1948年元旦晚上，他出席中文系师生新年同乐晚会。晚会主要节目依然是扭秧歌，同学们给他化了妆，虽然他身体不好，却兴奋地配合着同学们，穿一件红红绿绿的衣裳，头上戴一朵大红花，和同学们一起扭着，而且扭得最认真。散会后回到家里，他又在《日记》上记下一笔：“晚，参加中国文学系新年晚衰疾常防儿辈觉，童真岂识我生忙。

室人相敬水同味，亲友时看星坠光。

笔妙启予宵不寐，美君行健尚南强。[1]

写毕之后，朱自清将这首诗抄寄给《益世报》副刊《星期小品》的主编梁实秋，同时又抄了两份分别寄给俞平伯和叶圣陶。俞平伯看后感到诗虽然写得很好，但是太过萧瑟了，于是寄和一首以表宽慰，这是他们两人的最后一次唱和。叶圣陶则在朱自清去世之后，联系朱自清当时的思想状态对这首诗逐句加以解析。当评析至“何当计短长”一句时，他认为：“苦一点儿，委曲一点儿，没世无闻，草木同腐，都无所谓，这就是所谓不计短长。可是，这事全属于个己方面。如果是公众方面也包括个己方面的事儿，就决不容不计短长，因为这不以个己的生命为限，个己的生命虽然有与世远离的一天，社会的生命可永远延续下去。至少佩弦是这么想的。”[2]

---

①《朱自清全集》第五卷 348 页，南京：江苏教育出版社，1990 年。

②叶圣陶：《谈佩弦的一首诗》，《叶圣陶集》第六卷 300 页，南京：江苏教育出版社，1989 年。

怅近黄昏”。朱自清非常喜欢这两句，他将诗抄下来，压在书桌的玻璃板下，用以自策。有一个同学看到后问他是否有时会感到自己老了。朱自清摇摇头，说自己倒不大想到老，这两句诗只是表示积极、乐观、执着于现实的意思。后来直到朱自清去世，李广田再次回到他的寓所，看到这两句手书仍压在写字台的玻璃板下，他的草帽和手杖也还挂在过道的墙上，就仿佛它们的主人从未离开，李广田感佩道：“假如人生五十也可以算作夕阳西下的话，朱先生的夕阳晚景真可谓‘无限好’。”①

抗战胜利后，美国政府对日本采取了扶植政策。国民政府在美国支持下，任用前侵华日军总司令冈村宁次为军事顾问，此举激起了民众的强烈义愤。5 月间，上海学生发起了反对美帝国主义扶植日本侵略势力的签名运动，这一反帝爱国风暴很快波及全国。6 月 9 日，北平学生集会举行反美扶日示威大游行。当时国民党政府的法币每时每刻在贬值，买一包纸烟都要几万块钱。虽然教授们的薪水月月在涨，但远远比不上法币的贬值和物价的飞涨

①李广田：《最完整的人格——哀念朱自清先生》，《李广田全集》第 5 卷 284 页，昆明：云南人民出版社，2010 年。

速度。原来生活比较优越的教授们，此时也和广大百姓一样生计艰难。朱自清虽然是当时薪水最高的教授之一，但每月的全部薪水也只能买三袋多市价面粉，加上家中人口又多，只能每天两顿粗粮，才能够勉强维持下去。为了收买知识分子，国民党政府发了一种配购证，可以用较低的价格买到美援面粉，这对贫困的知识分子们来说无疑是一个巨大的诱惑和考验。6 月 18 日，面庞瘦削的朱自清正坐在藤椅上闭目养神，他的胃病已很重了，只能吃很少的东西，多一点就要吐。这时吴晗来到他的家里，给他看一份《抗议美国扶日政策并拒绝领取美援面粉宣言》，只见上面写道：

> 为反对美国之扶日政策，为抗议上海美国总领事卡德和美大使司徒雷登对中国人之污蔑侮辱，为表示中国人民之尊严和气节，我们断然拒绝美国具有收买灵魂企图之一切舍施物资，无论为购买的或给与的。下列同人同意拒绝购买美援平价麦粉，一致退还配购证，特此声明。

拒绝购买每月两袋的美援平价面粉，就相当于全家的收入要减少五分之二。朱自清有众多子女要供养，自己又无钱医治，日子过得比谁都困难。可是他看完后仍伸出颤抖的手，拿起笔来一丝不苟地在宣言上签上了自己的名字。他知道，这一举动对自己家庭的生活将有很大的影响。晚上，他在《日记》中写道：“此事每月须损失六百万法币，影响家中甚大，但余决定签名，因余等既反美扶日，自应直接由己身做起。”朱自清的这一举动成为彰显知识分子傲骨和气节的标杆，1949 年 8 月，毛泽东同志在《别了，司徒雷登》一文中，热情地表彰了朱自清宁可饿死也不领美国“救济粮”的骨气，号召人们向他学习。

时间一天天过去，朱自清的胃疼越来越重，但他仍不肯静下心来休养，只要疼痛略有缓解，就伏案继续编《国文读本》，或者读一会儿自己喜欢的书。他还制订了一个读书计划：除了星期六下午和星期日，每天坚持轮流看一本英文书和中文书，利用休息时间读诗。有时，晚上还要练习书法。7 月中旬，他开始整理闻一多手稿。这是一项繁重的工作，衰弱的身体其实已经让他非常吃力了，但他还是决定咬牙支撑。陈竹隐劝阻无效，只好在他的书房里支了一张行军床，桌边放了一个痰盂，好让他要吐时便吐，身体实在撑不住了，就在床上歇一会

纵观朱自清的一生，是辛劳奔波、饱受苦痛的一生，却更是追求光明、勇于斗争的一生。从彷徨动摇到坚定信念，从徘徊隐忍到高声呐喊，朱自清以实际行动诠释出知识分子的铮铮铁骨。更为难得的是，无论世事如何变迁，朱自清始终踏实做人，认真为文，终其一生都坚守“真诚”二字。正如冯至所评价的那样：“从开始写作到最后的一篇，他都是一字不苟，态度真诚的。一字不苟是忠于文字，态度真诚是忠于人生。”[①] 他始终以最真诚的笔触书写着内心的波澜起伏和时代的动荡变迁。唯其如此，纵使时隔多年，朱自清其人其文仍能令人时时回想、念念不忘。

1961 年，叶圣陶重游锦官城。当他再次徘徊于望江楼边之时，昔日旧友的音容笑貌不禁浮现在脑海中，正所谓“顿忆佩弦埋骨久，隔江忍对宋公桥”。是的，江波依旧，故人已逝。一代文宗朱自清离开我们的确太久了，然而任凭岁月如何淘洗、世事如何变迁，我们都不会忘记那真诚动人的笔锋，更不会忘记那高洁清朗的背影！

---

①冯至：《给臧克家信　悼朱自清先生》，《冯至全集》第四卷 132 页，石家庄：河北教育出版社，1999 年。